第2版

# 保育士のための
# 社会的養護

吉田 明弘 編著

森本 美絵
南 多惠子
檜垣 博子
山本 希美
浦田 雅夫
大西 雅裕

SOCIAL CARE

八千代出版

## 執筆分担（掲載順）

吉田明弘　皇學館大学教育学部准教授　　　　　　　　　　　　　　1章、8章1・14

森本美絵　京都橘大学発達教育学部教授　　　　　　　　　　　　　2章、8章3・5

南　多恵子　京都光華女子大学健康科学部講師　　　　　　　　　　3章、8章12・13

檜垣博子　元皇學館大学教育学部教授　　　　　　　　　　　　　　4章、8章2・6

山本希美　滋賀県彦根子ども家庭相談センター児童福祉司　　　　　5章、8章7・8

浦田雅夫　京都造形芸術大学芸術学部教授　　　　　　　　　　　　6章、8章9・10

大西雅裕　神戸女子大学文学部教授　　　　　　　　　　　　　　　7章、8章4・11

# は し が き

　福岡県北九州市に、少年院退院者や保護観察中の少年を、のべ 100 人以上雇用してきた野口石油というガソリンスタンドがある。社長の野口義弘は、中学生のころに父親を結核で亡くし母子家庭に育つ。その後、家計を支えていた母親が高血圧のため半身不随となり、厳しい生活を余儀なくされた。生活費の確保さえままならない状況下で、学費を払う見込みが立たず、野口は高校進学をあきらめる。そんなとき、親子の生活を支えてくれたのは、地域の人々の物心両面の力添えだった。このような自身の境遇が、少年たちの姿に重なり、わが子同然に情愛を傾ける。

　野口石油では、就職面接をした少年を必ず雇用する。断れば、彼らが自己否定感を強め、再起を図る意欲を失うからだ。少年たちの多くは、家庭環境に恵まれなかったことが原因で、基本的生活習慣が身についていない場合が多い。したがって、採用されたものの仕事に対する心構えがなかなか持てず、結果、無断欠勤を重ねる者も少なくない。しかし、野口は少年を見限ることなく、毎日家まで迎えに行く。雨の日も風の日も、野口は祈るような思いで、繰り返し足を運ぶ。玄関のチャイムを押して応答がなければ、「心配しているよ」と温かい言葉を記したメモを残す。「迎えに来られることで少年たちは、やがて仕事に行こうという気持ちになるのです」と野口はいう。

　そんな野口の姿勢に気持ちが動き、働きながら自分を見つめ直し、更生を果たしていく少年は数限りない。一方で、野口にひと言も告げずガソリンスタンドを飛び出し、半ば行方知らずになる少年もいる。また、再び犯罪に手をそめる少年もいる。しかし、「少年たちはいつか自分自身を振り返ります。そして必ず自分の行為を考え直す時がくる」と野口はいう。そんな野口の発言に対して、「親身になって少年たちに尽くしたのに、それでは野口さん自身が報われないのではありませんか？」と率直に尋ねたことがある。すると、「愛は与え放しです。見返りを求めたら、それは愛ではないと思うのです」という答えが野口から返ってきた。筆者は、自身の愚問を恥じた。野口が口

にする愛とは、博愛（アガペー）のことであろう。これは万人の幸福を願う人間愛をさす。

　社会的養護の対象児は、虐待や育児放棄、障害などが原因で、「当たり前の生活」を奪われてきた子どもたちばかりである。彼らに対して、専門的ケアの名のもと、おもに心理学の手法を用いた働きかけが盛んであるが、就労先や家庭に代わる居場所がない子どもたちにとって、それがどんな意味を持っているのか？　野口石油のような、生き直しの場こそが必要ではないか？　生き直しの場、すなわち社会参加の機会がない限り、将来の展望は開けない。「チャンスがあれば、必ず子どもたちは立ち直れる」と野口はしばしば力説するが、そのチャンスが奪われているところに、社会的養護の根本的問題があると筆者は考える。

　話は変わるが、筆者が以前勤めていた短大の卒業生で、特別養護老人ホームでの勤務経験を持つ女性がいる。彼女に、「ケアって何だと思う？」と質問したところ、「クライエント（高齢者）と、缶コーヒーを飲みながら、タバコを吸って駄弁ることだ」とすぐに答えが返ってきた。言葉は悪いが、教科書的な専門性を叩き込まれている大方の読者は、この意見に違和感を覚えることであろう。しかし、彼女の発言はケアの本質を見事にいい当てている。ケアは、日常生活と切り離されたところにあるわけではない。糸井重里の名コピーではないが、「くう・ねる・あそぶ」ことに、私たちの日常はある。今日の専門分化されたケアワークは、その日常性を分断し、ワーカーをジグソーパズルのピースのようなプロに仕立てあげてしまった。缶コーヒーを片手にタバコを吸いながら、クライエントと日常性を共有する卒業生の行為は、立派なケアワークである。それは、ワーカーとクライエントとの間に真の友人関係を築こうとしたリッチモンド（M. Richmond）さながらといっても過言ではない。子どものケアを目的とする社会的養護においても、このような視点が必要である。

　世界初の保育所といわれる性格形成学院を創設したオウエン（R. Owen）は、「情愛は人間を人間化し、すべての不幸を少なくする」と述べた。オウエンを気取って大胆にいうならば、社会的養護の理念は、見返りを求めない「愛

（博愛）」である。その点で、野口は企業家でありながら、優れたソーシャルワーカーといって差し支えない。1970 年代にアメリカで一世を風靡したスタイリスティックスが歌うように、「愛がすべて」なのだ。愛は精神的なものでは決してない。具体的な行動と、社会改良（social reform）によって果たされる。本書が、愛に基づいた社会的養護を実現する一助になれば、編者として望外のよろこびである。

　これを編むには、多方面でご活躍の先生方にご無理をお願いし、執筆に当たっていただいた。臨床に裏づけられた知見から読者は多くを学んでほしい。先生方のご尽力に敬意を表したい。

　最後になったが、社会的養護政策の大きな変動期に、出版の機会を与えてくださった八千代出版社長の森口恵美子氏に厚くお礼を申し上げるとともに、井上貴文氏の編集の労に心から感謝の言葉を捧げたい。

〔追記〕
　各章にまたがり、国連が 1989 年に採択した Convention on the Rights of the Child という条約が登場する。Child を「児童」と訳するか、「子ども」と訳するかについては、共著者の間で意見がわかれるところである。そのような事情から、あえて表記を統一しなかったことを断っておきたい。したがって、ページにより「児童の権利に関する条約」と書かれていたり、「子どもの権利に関する条約」と記されている場合もある。いずれも原本（英文）は、同じものに依拠している。

2018 年 2 月

編著者　吉 田 明 弘

# 目　　次

# 第1章

# 社会的養護の理念と原理

## 第1節　近代小家族と社会的養護

　産業革命を契機に誕生した社会を資本制といい、そこに成立する家族を「近代小家族」と呼ぶ。夫婦と少数の未婚の子ども＝核家族によって構成される近代小家族は、拡大家族と異なり、家族の成員だけで生活水準を維持し、さらには労働力の再生産を行わなければならない（自助原則）。また、家計の担い手がサラリーマンである核家族においては、農業を生業とする時代と異なり、労働の協同や家産および家系の維持などの必然がなく、家族の絆を強める機会が乏しい。その結果、成員相互の愛情を頼りに家族関係を維持していかなければならない（愛情原則）。このような近代小家族の構造的特徴が、家族の「貧困化」と「解体化」を招く原因となり、様々な家族問題が登場する。性別役割分業や母性愛イデオロギーなどにより、その回避を図ってきたところに、近代小家族の特徴が見られた（副田 2002）。

　近代小家族を源泉とする今日の家族の形態を挙げると、①核家族化の進行と世帯人員の減少および子どものいない世帯の増加、②女性就労の増加、③離婚の増加である。

## 1　核家族化の進行と世帯人員の減少および子どものいない世帯の増加

　「国勢調査」によると、1955（昭和30）年に860万世帯だった核家族世帯は、2010（平成22）年には約3倍の2920万世帯となった。その一方で、3世代世帯は424万世帯から366万世帯へと減少している。平均世帯人員に関しても

縮小が見られ、1955年に4.58人だったものが、2010年には2.59人の水準まで下がった。その後さらに低下し、2.38人（2015年）となっている。

　1986（昭和61）年に約過半数に留まっていた子どものいない世帯は、2013（平成25）年には全世帯の76.6%を占めるようになった。一世帯あたりの平均児童数は1.69人である（厚生労働省「平成28年国民生活基礎調査」）。

　他方、単独（単身）世帯や夫婦のみの世帯が増加しており、核家族世帯を上回っている。夫婦と子どもとからなる世帯（核家族世帯）が1428万8203世帯であるのに対し、単独世帯は1841万7922世帯、夫婦のみの世帯は1071万8259世帯となっている（総務省「平成27年国勢調査」）。近代小家族は、労働力の再生産を安定して行うために一夫一妻制という婚姻システムを組み込んできた（大野2002）が、子どものいない世帯の増加は、その崩壊を意味する。

## 2　女性就労の増加

　内閣府『男女共同参画白書（平成24年版）』によると、共働き世帯は1980（昭和55）年以降増加傾向にあり、1991（平成3）年には男性雇用者と無職の妻から成る世帯を上回った。2011（平成23）年時点で、共働き世帯は男性雇用者と無職の妻からなる世帯よりも214万世帯多い987万世帯である。

　白書は、「平成14年から25年にかけての雇用者数の推移を雇用形態別に見ると、男女とも、『非正規の職員・従業員』が増加」していることを指摘する。現在では、正規雇用3364万人、非正規雇用2016万人（総務省「労働力調査」2016年平均）となっており、雇用者数に対する非正規雇用の割合は36.7%にのぼる。非正規労働者の増加によって、安全ネットがゼロの非正規労働者どうしのカップルが増えたという指摘は見逃せない（竹信2009）。

　1986年に施行された「労働者派遣法」により、労働力供給として違法であった労働者派遣が合法化され、「雇用の劣化」は著しく進行した。相対的貧困を表す「貧困率」は、そのような状況を可視化する指標となっているが、未就学児のいるふたり親世帯の貧困率は、母親の就労の有無にかかわらず変わらない。その理由は、乳幼児がいる世帯の母親の多くが、低賃金かつ非正規で働いているからだという（白波瀬2008）。ここから女性の相対的低賃金の

実態が浮き彫りになる。女性が家計の主担者になった場合、直面する課題が貧困であるといってもよい。

## 3　離婚の増加

離婚件数は、1970（昭和 45）年までは 10 万組を下回っていたが、1990 年代中ごろには 20 万組を超え、2008（平成 20）年時点で 25 万 1000 組に至った（厚生労働省「平成 21 年度離婚に関する統計」）。

厚生労働省が 5 年ごとに行っている「全国母子世帯等調査」の 2011 年度調査によると、母子世帯（123 万 8000 世帯）になった理由のうちもっとも多いのが離婚であり、80.8％を占める。なお父子家庭（22 万 3000 世帯）の場合も、同じくその理由のトップは離婚（74.3％）であるが、死別を原因とするケースが母子世帯よりも多い（母子世帯 7.5％に対し父子世帯 16.8％）。

就労状況を見ると、母子世帯では正規雇用（39.4％）が少なく、その反面、非正規雇用は 47.4％にのぼり、平均年収は 291 万円に留まっている。他方、父子家庭においては、67.2％が正規雇用（非正規雇用は 8.0％）に就いており、平均年収は 455 万円であった。なお、年収は 2010 年の数値である。「母子世帯の母の就業状況」の詳細については、表 1 - 1 を参照されたい。

同年齢の児童がいる世帯の平均年収 658 万 1000 円（厚生労働省「平成 23 年国民生活基礎調査」）と比べて、ひとり親世帯は総じて低所得といえる。とりわけ、母子世帯の状況は深刻で、実に 367 万 1000 円の開きがあり、その差は著しい。「ひとり親の体力・気力を一本のゴムにたとえれば、いつもゴムがひっぱられている状態だ。ゴムが伸びきったらどうなるか。もう頑張ってもどうにもならないところに来ている親が増えている」（赤石 2014）という指摘は、ひとり親世帯の自助努力の限界を物語るものといえよう。

## 4　むきだしの核家族

落合恵美子（1994）は、複数の核家族が同居する拡大核家族と区別して、単独の核家族を「むきだしの核家族」と表現する。「むきだしの核家族」においては、生活を依存する親族がいないために、近代小家族の特徴である「自

表1-1　母子世帯の母の就業状況

| | 総　数 | 就業している | 従　業　上　の　地　位 | | | | | | | 不就業 | 不　群 |
| | | | 正規の職員・従業員 | 派遣社員 | パート・アルバイト等 | 会社などの役員 | 自営業 | 家族従業者 | その他 | | |
|---|---|---|---|---|---|---|---|---|---|---|---|
| 平成18年<br>総　数 | (100.0) | ( 84.5) | | | | | | | | ( 14.6) | ( 0.9) |
| | | (100.0) | ( 42.5) | ( 5.1) | ( 43.6) | ( ＊ ) | ( 4.0) | ( 1.2) | ( 3.5) | | |
| 平成23年<br>総　数 | 1,648 | 1,328 | 523 | 63 | 629 | 8 | 35 | 21 | 49 | 248 | 72 |
| | (100.0) | ( 80.6) | | | | | | | | ( 15.0) | ( 4.4) |
| | | (100.0) | ( 39.4) | ( 4.7) | ( 47.4) | ( 0.6) | ( 2.6) | ( 1.6) | ( 3.7) | | |
| 死　別 | 123 | 90 | 28 | 1 | 48 | 3 | 6 | ― | 4 | 22 | 11 |
| | (100.0) | ( 73.2) | | | | | | | | ( 17.9) | ( 8.9) |
| | | (100.0) | ( 31.1) | ( 1.1) | ( 53.3) | ( 3.3) | ( 6.7) | ( － ) | ( 4.4) | | |
| 生　別 | 1,525 | 1,238 | 495 | 62 | 581 | 5 | 29 | 21 | 45 | 226 | 61 |
| | (100.0) | ( 81.2) | | | | | | | | ( 14.8) | ( 4.0) |
| | | (100.0) | ( 40.0) | ( 5.0) | ( 46.9) | ( 0.4) | ( 2.3) | ( 1.7) | ( 3.6) | | |

　母子世帯の母の80.6％が就業しており、このうち「パート・アルバイト等」が47.4％と最も多く、次いで「正規の職員・従業員」が39.4％となっており、前回調査と比べて「パート・アルバイト等」（前回調査では「臨時・パート」）の割合が3.8％増加し、「正規の職員・従業員」（前回調査では「常用雇用者」）が3.1％減少している。
（出典）厚生労働省「平成23年度全国母子世帯等調査」

　助原則」と「愛情原則」が強まることから、家族の基盤が不安定になりやすい。とりわけひとり親家庭では、家庭経営の全責任が母親または父親にかかり、世帯の維持に困難がともなう。社会的養護の必要性は、このような脆弱化した家族構造のもとで生じていることを認識しておかなければならない。その点で、「社会的養護と一般の子育て支援策は、一連の連続性を持つ」（厚生労働省「社会的養護の課題と将来像」〔2011年〕）という認識は正しい。構造的に不安定な現代の家族は、要保護児童を生み出すリスクを内包しているのだ。「貧困などの社会経済的な要因と子どもの虐待などの結びつきは、実証的にも理論的にももはや否定できない」（山野 2014）という指摘をもとに考えると、近代小家族の「貧困化」と「解体化」が、児童虐待の背景にあると思われる。

　1970年代前半に「日本型福祉社会論」が採用されて以降、家族内に生起した福祉課題の解決を「自助」によって図ることが求められ今日まで続いている。「保護者の適切な養育が受けられない子どもを、社会の公的責任で保護養育し、子どもが心身ともに健康に育つ基本的な権利を保障する」（厚生労

働省、前掲）ためには、里見賢治（2013）が主張するように、自助の補完としての社会保障（公助）ではなく、「自助の前提条件としての社会保障（公助）」を理念とするものでなければならない。「自助」「共助」を大前提に、それが尽きた場合に「公助」を位置づけるような政策は、「社会の公的責任」といえるものではないし、児童の最善の利益に基づく社会的養護がとるべき道ではないだろう。なお、社会的養護の費用として消費税がアテにされているが、逆進性のある消費税をそれに充てることは本末転倒だ。

## 第2節　社会的養護の理念と方向性

　2011（平成23）年7月に、児童養護施設等の社会的養護の課題に関する検討委員会と社会保障審議会児童部会社会的養護専門委員会が取りまとめた「社会的養護の課題と将来像」では、社会的養護についての基本的な考え方が示されている。これが、中長期にわたる社会的養護の指針となることから、それをもとに社会的養護の理念や機能、さらには基本的な方向性を整理したいと思う。とくに断りがない限り、かぎ括弧内はこの取りまとめからの引用である。

　前提として、取りまとめが出される以前の社会的養護の政策動向を追っておきたい。

　増加傾向の児童虐待に対応するために「児童虐待の防止等に関する法律（児童虐待防止法）」が2000（平成12）年に成立し、①児童に対する虐待の禁止、②虐待の予防および早期発見、③虐待防止に関する国や地方公共団体の責務、④虐待を受けた児童の保護や自立支援のための措置などが定められた。

　同年、「地域小規模児童養護施設の設置運営について」（厚生省児童家庭局長通知）が発令され、被虐待児を少人数でケアするグループホーム（地域小規模児童養護施設）が設けられる。あわせて「地域小規模児童養護施設設置運営要綱」が示された。

　2002（平成14）年には、「里親の認定等に関する省令」および「里親が行う養育に関する最低基準」が公布され、①親族里親と専門里親の創設、②里親

の定義・要件・認定・登録などの事項の制定、③里親の養育についての最低基準の制定、④専門里親希望者や養育里親に対する研修、⑤里親家庭に対し委託された児童や里親自身に関する養育相談事業、⑥里親の一時的な休息のための援助（レスパイト・ケア）が図られた。

　その後、児童虐待防止法および児童福祉法の改正が、2004（平成16）年と2007（平成19）年の2度にわたり行われている。2004年改正では、①市町村に児童家庭相談の機能を持たせ、高度な専門性を必要とする事例のみを児童相談所が扱うこと、②里親の監護・教育・懲戒に関する権限を法律上明らかにすることなどが取り決められた。2007年改正においては、①都道府県知事による児童の安全確認のための立ち入り調査の強化、②保護者に対する面会や通信などの制限の強化、③保護者が指導に従わない場合の一時保護や施設入所措置などの法定化が講じられている。

　2008（平成20）年の児童福祉法改正においては、①被虐待児を里親などの住居でケアする小規模住居型児童養育事業（ファミリーホーム）の設置、②養子縁組を希望する里親と養育里親に大きく区分し里親を定義、③里親手当の増額、④児童養護施設などにおける虐待発見者の通告義務規定の整備などが行われた。

## 1　社会的養護の理念と機能

　社会的養護とは、「保護者のない児童や、保護者に監護させることが適当でない児童を、公的責任で社会的に養育し、保護するとともに、養育に大きな困難を抱える家庭への支援を行うこと」をいう。「保護者に監護させることが適当でない児童」とは、父母の離婚、父母の入院、父母の就労、父母の精神疾患、虐待、経済的理由などが原因で、保護者のもとでの生活が困難な児童をさす。彼らの「健全育成」および「生活保障と愛護」（児童福祉法第1条）を、権利擁護の視点に立ち「公的責任」（同法第2条）として行うシステムを社会的養護と規定することができる。

　この社会的養護は、児童の権利に関する条約（1989〔平成元〕年）に規定される「児童の最善の利益」（第3条）「家庭環境を奪われた児童が養護を受け

る権利」（第20条）を根本とし、「児童が心身ともに健康に育つ基本的な権利保障」を理念とする。条約の本文は、前文に規定されることから、前文の「（児童は）平和、尊厳、寛容、自由、平等及び連帯の精神に従って育てられるべきである」という文言は、社会的養護の理念に組み込まれているといってよい。そのような意味で、児童の基本的人権の尊重および平和的生存権の保障が、社会的養護の大前提である。

　社会的養護の機能として、①家庭の代替として児童を養育する機能、②適切な養育を受けられなかったことにより生じた"心の傷"を回復させる心理的ケアの機能、③親子関係の再構築などの家庭環境の調整・地域の親子支援・自立支援・施設退所後のアフターケアなど地域支援の機能が挙げられている。大胆ないい方をすると、児童の「くう・ねる・あそぶ」（糸井重里）を保障し、親子関係において不十分だった愛着の再形成を図り、家庭復帰を目標に、児童の独立した生活を実現することが社会的養護の役割である。

　ここで横道にそれるが、「心理的ケア」の課題に関してふれておきたい。心理的ケアは、一般に「心のケア」と呼ばれるが、"心"という実体のない概念が用いられているところに筆者は違和感を覚える。小沢牧子（2004）の言葉を借りるならば、「『心のケア』というあいまいで実態のはっきりしない言葉によって、当事者それぞれに必要な援助がぼかされ、『心の課題』へとずらされてしまうのではないかという懸念」は十分にある。児童のケアを過度に私事化する中で生じている児童虐待は、社会的に解決すべき課題であり、個人の内面の問題に還元できるものではない。"心の傷"の回復は、社会的な文脈の中で果たされなければならないことを確認しておきたい。

　ところで、柏女霊峰（2012）は、社会的養護の対象児は「四重の痛手」を抱えていると指摘する。第1は保護以前の家庭で受けた痛手であり、第2は親や家族と別れる痛手である。そして、第3は施設の構造的な課題が児童に与える痛手であり、第4が施設退所時（後）の自立の場面における痛手である。これらは独立した「痛手」ではなく、複合的かつ重層的な課題といえる。それぞれの課題を取り除くと同時に、相互の関連の中で問題解決を図っていく視点が必要であろう。

## 2　社会的養護の方向性

　厚生労働省が示す社会的養護の基本的な方向は、①家庭的養護の推進、②専門的ケアの充実、③自立支援の充実、④家庭支援・地域支援の4点である。

### 1）家庭的養護の推進

　要保護児童の社会的養護については、「里親委託優先の原則」に基づき、里親やファミリーホームを優先して行うことが明示された。同時に、施設養護における家庭的な養育環境（小規模グループケアやグループホーム）への移行が意図されている。具体的には、2015（平成27）年度を始期として、2029（平成41）年度までに、児童養護施設などの本体施設、グループホーム、里親（ファミリーホームを含む）の割合を、それぞれ3分の1ずつにする目標が掲げられた。

　これを進めるための方策として、2012（平成24）年11月には、「児童養護施設等の小規模化及び家庭的養護の推進について」（厚生労働省雇用均等・児童家庭局長通知）が出され、各施設に「家庭的養護推進計画」の策定が義務づけられた。都道府県はそれをもとに、「平成41年度末の社会的養護を必要とする児童の見込み数や里親等委託率の引き上げのペースを考慮して確保すべき事業量を設定した上で、これと整合性が図れるように各施設ごとの小規模化の計画の始期と終期、定員規模の設定、改築・大規模修繕の時期等について調整を行った上で『都道府県推進計画』を策定」し、家庭的養護の推進を具現化しなければならない。

　このような一連の動向は、施設養護に重点が置かれてきた社会的養護を、家庭養護（里親・ファミリーホーム）へと誘導する政策である。「社会的養護は、できる限り家庭的な養育環境の中で、特定の大人との継続的で安定した愛着関係の下で、行われる必要がある」という観点に立てば、この流れは当然といえよう。しかし、要保護児童のケアを施設養護に大きく依拠してきた歴史的事実を忘れてはならない。別のいい方をすると、施設養護がなければ、わが国の社会的養護は成り立ってこなかったのである。とりわけ、被虐待児や発達障害児、さらには非行（虞犯）少年などを対象とする高度な処遇を担う機能としての施設養護の必要性は今後もなくならない。また、「里親の数の

確保が不十分であり、様々な課題を抱える子どもに対応できる里親も少ない現状」(里親委託ガイドライン)を踏まえると、施設の機能を単純に縮小させることなく、地域の実情に応じた家庭養護への移行が求められる。

　なお、児童養護の父といわれ、岡山孤児院を創設した石井十次は、「岡山孤児院十二則」の１つとして「家族主義」を掲げ、自らの施設で小舎制の実践を行っている。いまから約100年前に、「家庭的な養育環境」に基づいた実践が試みられていたことを銘記しておきたい。

## 2) 専門的ケアの充実

　要保護児童が、「適切な愛着関係に基づき他者に対する基本的信頼を獲得し、安定した人格を形成していけるよう、また、子どもが心の傷を癒して回復していけるよう、専門的な知識や技術を有する者によるケアや養育が必要である」という認識に立ち、「親子関係の再構築」を行い、家庭への復帰を到達点として行われるケアのことを「専門的ケア」と呼ぶ。

　そのためには、「ソーシャルワークとケアワークを適切に組み合わせ、家庭を総合的に支援」し、「子どもや親の問題状況の解決や緩和をめざして、それに的確に対応するため、親と共に、親を支えながら、あるいは親に代わって、子どもの発達や養育を保障していく包括的な取り組み」(厚生労働省「児童養護施設運営指針」〔2012年〕)が求められる。

　「社会的養護の課題と将来像」において、この用語が使われているわけではないが、以上一連の支援は、「レジデンシャル・ソーシャルワーク」といってよいだろう。これは、レジデンス(residence)＝居住地(例えば施設)において行われる生活相談援助のことで、児童の日常生活をケアすると同時に、様々な社会資源を活用し、家族関係の調整や学校および地域社会、その他関係機関との連携を図りながら、児童の自立支援を目指すケアワークを中心としたソーシャルワークである。

　レジデンシャル・ソーシャルワークを行う過程で、ワーカーが直面する課題は多い。児童の家庭復帰や自立がゴールである以上、その阻害原因を取り除かなければならない。しかし、対象児およびその保護者の生活には、社会構造の矛盾が重層的に出現している。したがって、社会改良(social reform)

なしに問題の解決は不可能である。そのような意味で、「専門的な知識や技術を有する者」には、「人間の福利（ウェルビーイング）の増進を目指して、社会の変革を進め、人間関係における問題解決を図り、人々のエンパワーメントと解放を促していく」（ソーシャルワーカーの倫理綱領）姿勢がなくてはならない。

## 3）自立支援の充実

ここでいう「自立支援」の目的は、「社会的養護の下で育った子どもも、他の子どもたちとともに、社会への公平なスタートを切り、自立した社会人として生活できるようにする」ために、「他者を尊重し共生していく力、生活スキル、社会的スキルの獲得など、ひとりの人間として生きていく基本的な力を育む」ことである。

この「自立支援」という概念は、1997（平成9）年の児童福祉法改正時に採用されたもので、以降「退所後のアフターケア」が施設の機能として加わった。しかし、「施設によるアフターケアは入所中の子どものケアが優先されるという事情もあり、施設側から積極的に取り組む余裕がないのが実情」（望月 2009）である。それゆえに、「施設退所後の相談支援（アフターケア）の充実」は喫緊の課題である。

とくに、「社会的養護の施設等が、家庭支援やアフターケアを含めた地域支援を行い、そのままでは保護者に監護させることが不適当な要保護児童となる児童を、支援を受けながら保護者による養育を続けられる要支援児童として支えていく」ことが「社会的養護の課題と将来像」の中で強調されている点を踏まえると、施設が継続的にアフターケアを行う責務がいっそう強まっていくであろう。ところが、施設職員が日々の業務に追われ、退所後のアフターケアが後回しになっている（鈴木 2014）という現実がある。家庭支援専門相談員（詳しくは次項を参照）の業務の一部としてではなく、アフターケア専属職員の配置など制度的なてこ入れが行われない限り、前述のような政策が画餅に終わる可能性は大きい。「施設に自立支援の担当職員を置く必要がある」といったかけ声だけでは不十分だ。

## 4）家庭支援・地域支援の充実

　1997（平成 9）年の児童福祉法改正により、各種児童福祉施設と連携のとれる範囲に児童家庭支援センターが創設され、専門性を有した職員によって、地域の児童福祉課題の解消（現在では、里親やファミリーホームの支援が追加されている）が図られてきた。保護者のもとで生活している要支援児童が要保護へと"転落"しないように、また家庭復帰に至った児童およびその親を継続的に支えるために、「施設のソーシャルワーク機能を高め、施設を地域の社会的養護の拠点」として位置づけることが、「家庭支援・地域支援の充実」の意図するところである。具体的には、「虐待の発生予防、早期発見から、施設や里親等による保護、養育、回復、家庭復帰や社会的自立という一連のプロセスを、地域の中で継続的に支援していく視点を持ち、関係行政機関、教育機関、施設、里親、子育て支援組織、市民団体などと連携」する役割が施設に求められている。その上に立って、「虐待防止のための親支援、親子関係への支援、家族支援」や「早期の家庭復帰を実現するための親子関係の再構築等の家庭環境の調整や、家庭復帰後の虐待再発防止のための親支援」、さらには「地域の里親等を支える地域支援や、ショートステイなどによる地域の子育て支援」などの具体的な実践を施設は担っていかなければならない。

　上述の事業を行うソーシャルワーカーとして、1999（平成 11）年度には「家庭支援専門相談員」が児童養護施設などに配置された。これは、一般にファミリーソーシャルワーカーと呼ばれる。児童の家庭復帰、退所後の児童に対する継続的な相談援助、里親委託推進、養子縁組推進、地域の子育て支援、施設職員への指導や助言、児童相談所との連絡・調整など多岐にわたる業務を担う。

　また、施設養護から家庭的養護への移行を背景に、「里親支援専門相談員」が 2012（平成 24）年 4 月に創設され、里親支援を行っている。これは、乳児院および児童養護施設に置かれるもので、その業務内容は里親の新規開拓に始まり、里親委託推進、里親家庭への訪問および電話相談、レスパイトケアの調整、里親サロンの運営、アフターケアとしての相談など、里親制度に特化した中身である。

## 第3節　社会的養護の原理

　児童福祉施設は、「そこで暮らし、そこから巣立っていく子どもたちにとって、よりよく生きること（well-being）を保障する」役割を担っている。児童にとって、施設での生活は「発達の基礎」であると同時に、「成人期の人生に向けた準備」期としての側面を有する（厚生労働省「児童養護施設運営指針」〔2012 年〕）。

　「人間の子どもが育つということは、身体や運動的側面をはじめ、知的側面、情操や道徳的側面、あるいは対人的な側面など多岐にわたります。こうした多様な側面が育つ過程において、複数の養育者が関わる必要があります」という柏木惠子（2008）の指摘に基づくならば、特定の養育者（施設職員）との関係が固定化することは望ましいものではない。地域社会を含めた多様な大人との関わりが、児童の心身両面の発達には不可欠であろう。

　社会的養護の原理とは、「子どもと家庭を支援して、子どもを健やかに育成する」（厚生労働省、前掲）ための原則をいい、とくに施設養護の処遇過程において重視されなければならない普遍的な方針と考えてよい。本書においては、厚生労働省「社会的養護の課題と将来像」（2011 年）を踏まえ、①基本的人権の尊重、②自己実現への援助、③家族の尊重と家族関係の調整、④個の尊重と集団力動性の活用、⑤社会関係の重視と社会参加の5つを挙げておく。

### 1　基本的人権の尊重

　基本的人権とは、誰もが生まれながらに有する自由かつ平等に生きる権利をさす。日本国憲法においては、侵すことのできない永久の権利としてこれが位置づけられている。つまり、児童も大人と同等の市民的権利を持っており、施設で生活する児童にもそれが保障されなければならない。

　しかし、大人と違い、児童は自分の意思を言語化し適切に訴えることが困難な場合が多い。また、権利行使に当たって、大人の力を必要とする場面もある。したがって、施設職員には、入所児の代弁者として、彼らのニーズを

的確に把握する能力が求められる。児童のスポークスマンたる要件は、「子どもびいき」（斎藤 1995）に徹する姿勢であろう。

児童の基本的人権を具体的に規定した「児童の権利に関する条約」（1989年）においては、「児童の最善の利益が主として考慮されるものとする」（第3条）という規定が設けられている。これは、「あることが本当に子どものためになるかどうか、子どもの立場から深く思いをいたすこと」（中野・小笠 1996）を意味する。「子どもの立場から深く思いをいたす」ためには、児童のすべては大人にはわからないという謙虚な姿勢で、彼らを理解する努力が必要ではないか。

さらに条約では、「自己の意見を形成する能力のある児童がその児童に影響を及ぼすすべての事項について自由に自己の意見を表明する権利を確保する」という条文からなる意見表明権（第12条）が定められている。施設職員は「児童に影響を及ぼすすべての事項」を決定する際、入所児の「意見を表明する権利」を認め、それを正当に聴取しなければならない。施設運営に児童の意見が反映されることで、民主的な施設づくりが可能となる。なお、社会福祉法に、苦情解決（第82条）が規定されている点を追記しておきたい。

## 2 自己実現への援助

マズロー（A. H. Maslow）によると、自己実現とは、「個人のもつ潜在能力を十分に発揮し、なしうる最大限のことをすること」だという。さらにヤングハズバンド（E. Younghusband）が「自己実現への自由が福祉の目的」と指摘するように、入所児が自己実現を図れるように援助していくことは、重要な養護目標である（山縣・柏女 2000）。

長年にわたり知的障害児（者）施設の施設長として活躍した福永昭三（1993）は、「自分で判断して、これをしようと決断して、失敗を恐れず勇気を持って行動すること」を自己実現と定義する。しかしそのためには、施設職員が入所児（者）に対して「指導してはならない」と福永はいう。その理由について、「（指導員が）子どもに対してわぁーわぁーわぁーいうたらね、その子どもが自分で判断する間がないねん。その判断する間がないということは、

自己実現のチャンスがない」からだと説明する。続けて福永は、「うちの園には、50人の園生がおります。みんな知的障害の子や。子どもが成長するということは、50人がそれぞれに自己実現することである。そのために、職員は援助者であり準備者である」と述べる。

　福永の意見に即して考えると、入所児に対する施設職員の指導すなわち指示的な態度は、児童の自己実現を阻害する。すべての対象児の自己実現の可能性を信じ、「自分で判断して、これをしようと決断して、失敗を恐れず勇気を持って行動」できる環境を整え、それを後押しすることが施設職員の役割といえるのではないか。

## 3　家族の尊重と家族関係の調整

　2014（平成26）年3月版の厚生労働省「社会的養護の現状について」によると、親の死亡や行方不明が原因で児童養護施設に入所している児童は、全入所児の9.5%に過ぎない。主たる養護問題発生理由は、虐待や親の精神疾患などである。したがって、状況が整えば入所児は家庭復帰が可能であり、それが養護の最終目標となる。

　虐待などに起因する複雑な親子関係のもとで、児童が親に対して抱いている葛藤は単純ではないだろう。しかし、児童の家庭生活を受ける権利の保障（石井 2013）を第一に考え、親子関係の再統合を断続的に試みる姿勢が不可欠だ。そのためには、親子に対する「過去・現在・将来の絆としての配慮が養護方針に組み込まれていなくてはならない」（小舘 2001）のである。対象児の過去の生活歴を把握し、そこで培われてきた親子関係を踏まえ、親子関係の再構築につなげる視点が求められる。このような取り組みを「ファミリーソーシャルワーク」と呼ぶ。それは家族との面会、家庭への帰省や親子間の手紙のやりとり、親の施設行事への参加など、親子が継続的に関係を維持できる環境の中で果たされる。

　施設職員は、様々な社会資源を活用し、家族関係の上に生じた問題の緩和を図り、解決へと導かなければならない。その際、アウトリーチ（生活上の課題を抱えながらも自発的に援助を求めない人に対して、ワーカーから積極的に働きかけ

る援助）がしばしば必要になる。

## 4　個の尊重と集団力動性の活用

　入所児は様々な家庭環境のもとで育ち、異なった生活経験や社会体験を有する。そこから生じる生活力の違いは大きく、加えて年齢や身体状況、さらにはパーソナリティーも多様である。その総体を特性と呼ぶ。

　「教育や福祉の目的は子どもの特性を伸ばすこと」と指摘するのは福井達雨（1997）であるが、施設養護の基本はここに置かなくてはならないだろう。なぜなら、児童の特性を尊重することが自我（自己）のめざめにつながるからである。自我の自覚が、他我（他己）理解の第一歩になる。「われわれ人間がこの世に生きるとは、他者との関わりにおいて生きることである」「自己は他己（他者）の前で、他己とともに生きるときはじめて自己になる」（小原 1972）のだ。

　家庭の代替機能である施設は、家庭の相似形であっても、血縁関係で結ばれたものではない。これは、施設養護の限界ではなく、むしろ利点として考えるべきであろう。人為的につくられた小集団の中で生活体験を共有し、"せめぎあって"生活することを通じて、「他者との多元的な水平的関係の維持にたえず配慮しつつ、もめごとを解きほぐし、折りあいをつけ、関係を親密にしていく能力」（花崎 1993）の涵養が可能ではないか。乾孝（1972）が「みんなといっしょの現実に対し、相談し、分業して、いっしょに課題をのりこえることによって、みんなも、みんなといっしょに成長する」ことが「人間的な営み」であり「人間の必然」であると結論づける通り、育ち合う関係を築くための可能性を集団は内包している。

## 5　社会関係の重視と社会参加

　入所児はやがて施設を退所し、"シャバの世界"すなわち一般社会で生活をしていくことになる。したがって、施設養護は児童のいまを尊重しつつも、将来の「自立」を想定しなければならない。そのためには、施設を地域社会に開放し、入所児の社会参加の機会を確保する必要がある。現実社会におけ

る実体験の積み重ねが、自立へとつながっていく。

　入所児の中には家庭への復帰が難しく、施設退所後すぐに独立した生活の確立を求められる者もいるため、彼らに対しては「社会常識及び社会規範、様々な生活技術が習得できるよう養育・支援」(厚生労働省「児童養護施設運営指針」〔2012年〕) することがただちに必要になる。菅原ますみ (2013) は、児童が「一人前になるために必要な自立」として、①生活自立 (基本的生活技術の獲得)、②経済的自立 (就職の実現)、③心理的自立 (自己決定と自己責任)、④市民的自立 (社会的規範や公共性の獲得) の4つを挙げている。

　ところで、自立とは「他の力をかりることなく、また他に従属することなしに存続する」(『日本国語大辞典 (第2版)』) ことである。しかし、「人間はひとりでは生きていけない。人間はいっしょになって社会をつくり、維持する。社会の中で生きて行かなければならない」(小田 1995) のである。社会の中で生きるとは、どのような意味であろうか？　門脇厚司 (2010) の言葉を借りて説明すると、「様々な人たちといい関係をつくることができ、つくりあげたいい人間関係を維持しながら、それまで自分が学んで身につけた知識や、努力して習得した技術や技能などを、自分が生きている社会のそこここで、誰かのために、あるいは何かのために役立てよう」とする態度のことではないか。「自立した社会人」(厚生労働省「社会的養護の課題と将来像」〔2011年〕) とは、菅原が示す4つの自立を礎に、「自分が生きている社会のそこここで、誰かのために、あるいは何かのために役立てよう」という意欲を背景にしなければならない。自助によって完結する自立ではなく、他者に依存し、また他者からも依存される関係の中で「自立」を捉えたい。つまり「自立」とは、相互関係において成り立つものなのである。

〈演習問題〉
1　社会的養護の必要性を、近代小家族をキーワードにまとめてみよう。
2　社会的養護の理念と方向性を家庭養護をキーワードに整理してみよう。
3　児童の自立支援において、どのような視点が必要か保育者の立場から考察してみよう。

〈引用・参考文献〉

赤石千衣子（2014）『ひとり親家庭』岩波書店

石井勲（2013）「社会的養護の基本原理」小田兼三・石井勲編著『社会的養護入門』ミネルヴァ書房

乾孝（1972）『乾孝幼児教育論集』風媒社

大野光彦（2002）「児童保護から児童福祉へ」大野光彦編著『改訂児童福祉論』八千代出版

小沢牧子（2004）「現代生活に浸透する心理主義」小沢牧子・中島浩籌『心を商品化する社会―「心のケア」の危うさを問う―』洋泉社

小田実（1995）『「殺すな」と「共生」―大震災とともに考える―』岩波書店

落合恵美子（1994）『21世紀家族へ―家族の戦後体制の見かた・超えかた―』有斐閣

小原信（1972）『孤独と連帯』中央公論社

柏木惠子（2008）『子どもが育つ条件―家族心理学から考える―』岩波書店

柏女霊峰（2012）「社会的養護とは」柏女霊峰・澁谷昌史編『子どもの養育・支援の原理―社会的養護総論―』明石書店

門脇厚司（2010）『社会力を育てる―新しい「学び」の構想―』岩波書店

小舘静枝（2001）「児童養護の基本的な考え方」吉澤英子・小舘静枝編著『養護原理』ミネルヴァ書房

斎藤次郎（1995）『子どもびいき』KTC中央出版

里見賢治（2013）「厚生労働省の『自助・共助・公助』の特異な新解釈」社会政策学会編『社会政策』第5巻第2号、ミネルヴァ書房、1-4ページ

白波瀬佐和子（2008）「子どものいる世帯の経済格差に関する国際比較」社会政策学会編『子育てをめぐる社会政策』法律文化社

菅原ますみ（2013）「子どもの発達」相澤仁・犬塚峰子編『子どもの発達・アセスメントと養育・支援プラン』明石書店

鈴木希美（2014）「児童養護施設退所者へのアフターケアの取り組み―就労支援を中心に―」全国保育士養成協議会第53回研究大会「研究発表論文集」

副田あけみ（2002）「家族―近代家族からポスト・モダンの家族へ―」平岡公一・平野隆之・副田あけみ編『社会福祉キーワード（補訂版）』有斐閣

竹信三恵子（2009）『ルポ雇用劣化不況』岩波書店

中野光・小笠毅編著（1996）『ハンドブック子どもの権利条約』岩波書店

花崎皋平（1993）『アイデンティティと共生の哲学』筑摩書房

福井達雨（1997）『あなたは何処に行くのですか』海竜社

福永昭三（1993）「福祉の心」神戸市立難聴幼児通園施設ひばり学園編『障害を生きぬく力―心を育てるために―』法政出版

望月彰（2009）「児童福祉施設における養護（援助）の課題」福永博文編著『新保育ライブラリ／養護内容』北大路書房

山縣文治・柏女霊峰（2000）『社会福祉用語辞典』ミネルヴァ書房

山野良一（2014）『子どもに貧困を押しつける国・日本』光文社

吉田明弘（2006）「施設における養護」片岡基明・吉村啓子編『保育を学ぶ人のために』世界思想社

# 第2章

## 社会的養護の体系と制度

　社会的養護の公的な仕組みは、第2次世界大戦後、1947（昭和22）年に成立した児童福祉法による。当時と現代では、社会の様相は大きく変化し、社会的養護をもっとも必要とする子どもたちは、親の死亡・行方不明など親の生存の有無ではなく、虐待が典型であるように、親はいるが不適切な養育環境にある子どもたちである。こうした背景から社会的養護の概念および社会的養護体系については、研究者により諸説があり一様ではない。本章では、社会的養護とは「保護者のない児童や、保護者に監護させることが適当でない児童を、公的責任で社会的に養育し、保護するとともに、養育に大きな困難を抱える家庭への支援を行うこと」という概念（厚生労働省ホームページ「社会的養護」）に基づき説明する。

## 第1節　社会的養護の体系

### 1　社会的養護とは

　子どもは本来、親・家族と一緒に家庭で育つことが自然であり、それは子どもの権利である。しかし、子どもが健全に育つうえで、児童虐待が典型であるように、家庭が不適切な養育環境であるならば、国は、子どもを家庭から離し、家庭に替わる養育環境を子どもに用意しなければならず、その新しい養育環境を受けることは子どもの権利である。この家庭に替わる養育環境は、子どもにとって安心で安全な場であることを基本として発達を保障し、不適切な養育環境で受けた心身のケア・回復支援、家族再統合や社会的自立への支援を行わなければならない。このような目的で国が用意した養育環境

の総体を社会的養護という。

## 2　社会的養護の体系

　社会的養護の体系は、施設養護や里親等養護といった子どもを家庭から離して養育する形態を中心とした狭義の社会的養護体系のほかに、家庭養育の通所型養護を含めて捉える考え方、もっと広く捉えて保育所・学童保育、各種の公的相談機関等の一般子育て支援等を含む広義の社会的養護体系などがある。

　家族や地域の養育力低下、子育て不安の一般化、児童虐待の増加・重症化など、養育上の深刻な不安要素を抱える家族の増加を背景に、問題発生後の施策（狭義の社会的養護施策）と一般子育て支援施策（広義の社会的養護）とは一連のつながりを持つものであり、密な連携体制など、支援の連続性を図る環境整備が必要である。

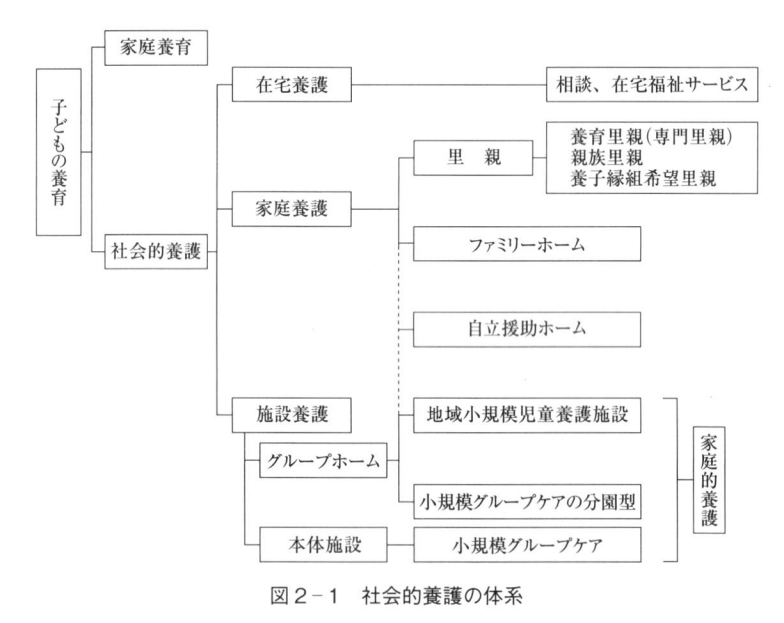

図2-1　社会的養護の体系

（出典）小池由佳・山縣文治編著『社会的養護（第3版）』、ミネルヴァ書房、2013年、57ページ

　本章では、前述の概念にある「養育に大きな困難を抱える家庭への支援を行うこと」を踏まえて、小池由佳・山縣文治にならい（図 2-1）、在宅養護、家庭養護、施設養護を社会的養護と位置づける（在宅養護は新しい概念であり、子どもが家庭での生活を続けながら、養護サービスを受けることができる仕組みであり、具体的には、専門家による助言、指導、治療、教育、ソーシャルワークなどであるとしている〔小池・山縣 2013 60 ページ〕）。

## 3　社会的養護の施策の動向

　社会的養護体制が、児童福祉法に位置づけられて以来、約 60 年間、親や家族と一緒に暮らすことのできない子どもたちの約 9 割が大舎制を中心とした施設で生活し、残り 1 割の子どもたちが里親養護であった。しかし近年、この施設養護の大舎制中心から個々の子どもの成長に合わせた養育環境を提供できる家庭的養護へと社会的養護の施策は大きく変わりつつある。この施策転換の契機には、以下に説明する国内外の事情が大きく影響している。

　1 つ目は、子どもの権利委員会による指摘である。日本は「子どもの権利に関する条約」（参考資料 1）批准後、これまでに 3 回（1998 年、2004 年、2010 年）、国内の子どもの権利状況等を報告し、国連・子どもの権利委員会から勧告（総括所見）を受けている（参考資料 2）。これら勧告の中で、社会的養護においては、施設養護中心の在り方への指摘がなされている。とくに、第 3 回目は、具体的で厳しい内容となっている。

**参考資料 1　子どもの権利に関する条約　第 20 条　1989 年／批准 1994 年**
1.　一時的若しくは恒久的にその家庭環境を奪われた児童又は児童自身の最善の利益にかんがみその家庭環境にとどまることが認められない児童は、国が与える特別の保護及び援助を受ける権利を有する。
2.　締約国は、自国の国内法に従い、1 の児童のための代替的な監護を確保する。
3.　2 の監護には、特に、里親委託、イスラム法のカファーラ、養子縁組又は必要な場合には児童の監護のための適当な施設への収容を含むことができる。解決策の検討に当たっては、児童の養育において継続性が望ましいこと並び

に児童の種族的、宗教的、文化的及び言語的な背景について、十分な考慮を払うものとする。

**参考資料2　国連・子どもの権利委員会による総括所見の抜粋（第1回1998年、第2回2004年、第3回2010年）**

第1回総括所見1998年（勧告）

C.　主要な懸念事項

18.　委員会は、施設に措置される子どもが多数存在すること、ならびに特別な支援、ケアおよび保護を必要とする子どもに対して家庭環境に代わるものを提供するために設置されている構造が不十分であることを、懸念する。

第2回総括所見2004年（勧告）

C.　主要な懸念領域および勧告

7.　委員会は、締約国に対し、第1回報告書に関する総括所見の勧告のうちまだ実施されていないものに対応し、かつ第2回定期報告書に関するこの総括所見に掲げられた一連の懸念事項に対応するために、あらゆる努力を行うよう促す。

第3回総括所見2010年（勧告）

C.　主要な懸念領域および勧告

7.　委員会は、締約国の第2回報告書（省略）努力を歓迎するが、その多くが十分に実施されておらず、またはまったく対応されていないことを遺憾に思う。委員会は、この総括所見において、これらの懸念および勧告をあらためて繰り返す。

53.　委員会は、第18条に照らし、締約国が以下の措置をとるよう勧告する。

（a）子どもの養護を、里親家庭、または居住型養護における小集団編成のような家庭的環境のもとで提供すること。

（b）里親養護を含む代替的養護現場の質を定期的に監視し、かつ、あらゆる養護現場による適切な最低基準の遵守を確保するための措置をとること。

(e)「子どもの代替的養護に関する国連指針」（国連総会決議 A/RES/64/142 参照）を考慮すること。

（第 1 回、第 2 回、第 3 回「ARC 平野裕二の子どもの権利・国際情報サイト」より抜粋。※なお、上記の(省略)および 53 の(c)(d)省略は、筆者による）

2 つ目は、「子どもの代替養育に関するガイドライン」の採択である。子どもの権利条約の成立 20 周年を記念して、その実施を強化するために 2009 年 11 月 20 日、国連総会が「子どもの代替養育に関するガイドライン」を採択し、社会的養護にある子どもの最善の利益の質に関する国際的基準を定めた。この中で（参考資料 3）施設養護はきわめて限定的な場合に限られていること、3 歳未満の子ども養育は家庭を基盤とした環境でなければならないこと等を明確に示した。

**参考資料 3　子どもの代替養育に関するガイドライン**

21.　施設養育は、その環境が、子ども個人にとって、とりわけ適切で必要かつ建設的であり、その子どもの最善の利益に沿う場合に限られるべきである。

22.　専門家の有力な見解によれば、乳幼児、特に 3 歳未満の子どもの代替養育は、家庭を基盤とした環境で提供されなければならない。この原則の例外は、兄弟姉妹の分離を防止することを目的とする場合や、養育先への委託が緊急を要している場合、または、事前に決められた非常に限られた期間の場合であり、いずれもその後に家族の元に戻る場合や、その他の適切な長期的養育が予定されている場合である。

23.　施設養育と家庭的養育が、子どものニーズに応じるために、互いに補完し合うものであることは認めるとしても、大型の施設が残っているところでは、脱施設化という方針のもと、いずれは施設の廃止を可能にするような明確な目標と目的をもって、代替策を発展させなければならない。（省略）

123.　施設養育を提供している施設は、小規模で、子どもの権利とニーズに合わせて組織され、できるだけ家族や小規模の状況に近い環境でなければならない。そうした施設の目的は、一般に一時的な養育を提供し、家族の元に戻

ることに積極的に貢献することであり、家族の元に戻ることが適わない場合には、たとえば、それが適切な場合には養子縁組やイスラム法におけるカファーラを含む代替の家庭環境において、子どもに安定的な養育を確保することである。

（子どもの村福岡 2011 19ページ、4‐46ページ。※上記の（省略）は筆者による）

　こうした日本の社会的養護体制の在り方への国際的指摘や、社会的養護の質に関する国際的基準の設定・明確化という国際事情と並んで、3つ目として、国内における児童虐待問題がある。増加と深刻化が進む児童虐待に対して、施設は満床状態、そして子どもの抱える多様で深刻な問題に対して集団養護を基本とする対応は限界であること、被虐待の子どもと大人との信頼関係回復や愛着形成が子どもの心身の回復および成長・自立にとって重要課題であること等の研究・認知が進んだこと等がある。

　こうした背景のもと、施設中心の社会的養護体制への大改革が始まった。2011（平成23）年1月に厚生労働省に設置された「児童養護施設等の社会的養護の課題に関する検討委員会」は具体的な見直し作業を開始し、7月に「社会的養護の課題と将来像」を報告した。その中で、児童養護施設や乳児院等の施設は、できる限り小規模で家庭的な養育環境の形態を推進し、家庭養護（里親、小規模住居型児童養育事業＝ファミリーホーム）、グループホーム、本体施設（児童養護施設はすべて小規模ケア）の割合を概ね3分の1ずつとする、といった十数年後の社会的養護体制の具体像を示した。

　この実現に向けて同年、厚生労働省は「里親委託ガイドライン」を策定し、里親委託優先の原則を明示した。さらに2016（平成28）年の児童福祉法改正において、社会的養護を必要とする子どもへの代替養育は、「家庭における養育環境と同様の養育環境において継続的に養育されるよう、児童を家庭及び当該養育環境において養育することが適当でない場合にあつては児童ができる限り良好な家庭的環境において養育されるよう、必要な措置を講じなければならない」（第3条の一部抜粋）と、家庭養育原則が規定され、特別養子縁組や里親等による養育の推進が図られることになった。この具体化を図るた

め、2017年7月31日新たな社会的養育の在り方に関する検討委員会により、上述の「社会的養護の課題と将来像」が見直され、「新しい社会的養育ビジョン」とそこに至る工程が示された。そこでの里親等委託率の数値目標は、3歳未満児は概ね5年以内に、それ以外の就学前の子どもは概ね7年以内に里親委託率75％以上、学童期以降は概ね10年以内を目処に50％以上というものである。乳幼児の施設への新規措置入所を停止するなど、社会的養護を必要とする子どもたちの権利保障の実現に向けて新たな動きが始まった。

## 第2節　社会的養護の相談体制

　社会的養護に関わる相談は、養育困難や虐待など社会的養護問題が発生し、子ども・家庭が相談機関に相談する、あるいは一般住民、保育所・学校等が相談機関に通告することで、相談機関で援助活動が開始され、様々な社会資源との連携・活用により対応していく（図2-2）。本節では、この相談機関として、児童相談所、市町村、福祉事務所・家庭児童相談室を取り上げる。

### 1　児童相談所

　児童相談所は市町村と適切な協働・連携・役割分担を図りながら、子どもに関する家庭等からの相談に応じ、子ども自身の課題や真のニーズ、子どもの置かれた環境等の状況を的確に把握し、個々の子どもや家庭に適切な援助を行うことで、子どもの福祉の向上や権利擁護を行うことを目的とする児童家庭福祉の第一線の行政機関である。児童虐待の増加・深刻化等を背景に2004（平成16）年の児童福祉法改正により、児童相談所の役割が要保護性の高い困難な事例への対応や市町村に対する後方支援へと機能が重点化された。さらに、2016年児童福祉法改正では、児童福祉司の研修義務化、弁護士の配置など体制強化や児童相談所から市町村への事案送致といった権限の強化、里親の新規開拓から、子どもと里親とのマッチング、里親に対する訪問支援まで、一貫した里親支援や養子縁組に関する支援などが追加された。

　児童相談所の設置は、都道府県、指定都市、児童相談所設置市（政令で指

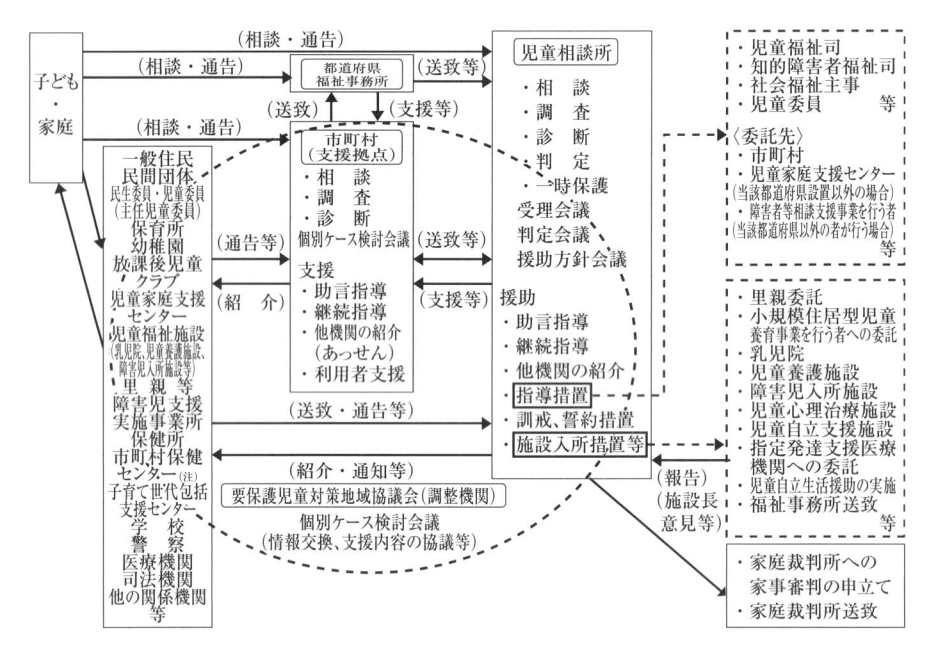

図2-2 子ども家庭支援の系統図

(注) 市町村保健センターについては、市町村の子ども家庭相談の窓口として、一般住民等からの
　　　通告等を受け、支援業務を実施する場合も想定される。
(出典) 厚生労働省雇用均等・児童家庭局長『「市町村子ども家庭支援指針」(ガイドライン)』212ペー
　　　ジ

定する中核市、特別区)である。2016 (平成28) 年10月1日現在、全国に210
か所設置されている。児童相談所は、必要に応じ、児童を一時保護する施設
(一時保護施設) を設置している。一時保護は、原則、児童や保護者の同意を
得る必要がある。しかし、児童の福祉を害する可能性がある場合は、子ども
の意思、保護者の同意なく保護できる。一時保護の期間は原則2か月である。
2016年4月1日現在、全国に136か所設置されている。

　2015 (平成27) 年度中に対応した相談件数は43万9200件である。相談の
種類別、件数の多い順に見ると、障害相談18万5283件、虐待を含む養護相
談16万2119件、育成相談4万9978件、非行相談1万5737件、保健相談
2112件、その他2万3971件であり、子どもに関する各種の相談を幅広く受
け付けている。障害相談がもっとも多いが、養護相談の相談件数全体に占め

る割合（構成比）は年々増加しており、その数値を虐待相談が押し上げている。同年度中に対応した養護相談のうち児童虐待相談の対応件数は 10 万 3286 件で、前年度に比べ 1 万 4355 件（16.1%）増加している。

　児童相談所には、所長、児童福祉司、相談員、児童心理司、心理療法担当職員、医師または保健師（医師は精神科医・小児科医、いずれも嘱託可）、弁護士等が配置されており、児童福祉司等による在宅指導、児童福祉施設入所措置、里親等への委託措置など、8 つを援助内容としている。また、一時保護施設には、子どもの生活指導、学習指導、行動観察、緊急時の対応等一時保護業務全般に関することを担当する職員として、児童指導員および保育士が配置される。

　児童相談所の相談援助活動のプロセス（図2-3）は、①相談の受付に始まり、②担当者や調査および診断の方針等を検討する受理会議を経て、③調査や面接等による各担当者の診断（社会診断、心理診断、医学診断、行動診断等）をもとに総合的に検討し、援助に有効な判定を導き出す。そして、④援助方針会議等を経て、援助内容が決定され、⑤具体的な援助の実施、⑥援助の終結、変更に至る。なお、援助方針会議で出された援助方針と児童もしくはその保護者の意向とが一致しないとき等には、都道府県児童福祉審議会の意見を聴かなければならない。また、援助指針の作成に当たっては、事前に子どもや保護者等に対して児童相談所の援助方針等について個々の年齢や理解力等に配慮しながら十分説明を行い、その意向を把握するようにしている。子どもが事前に説明を受け、自らの意向を聴取される機会を持つことは、子どもの権利である（子どもの権利条約第12条）。

　子どもや家庭の問題は、これまで以上に複雑・多様化しており、早急に対応するために、上述の機能に加えて、子育て世代包括支援センター、市町村（支援拠点を含む）、福祉事務所、市町村保健センター、学校、民間団体等の機関・施設と連携を図り、ネットワークを構築していく必要がある。

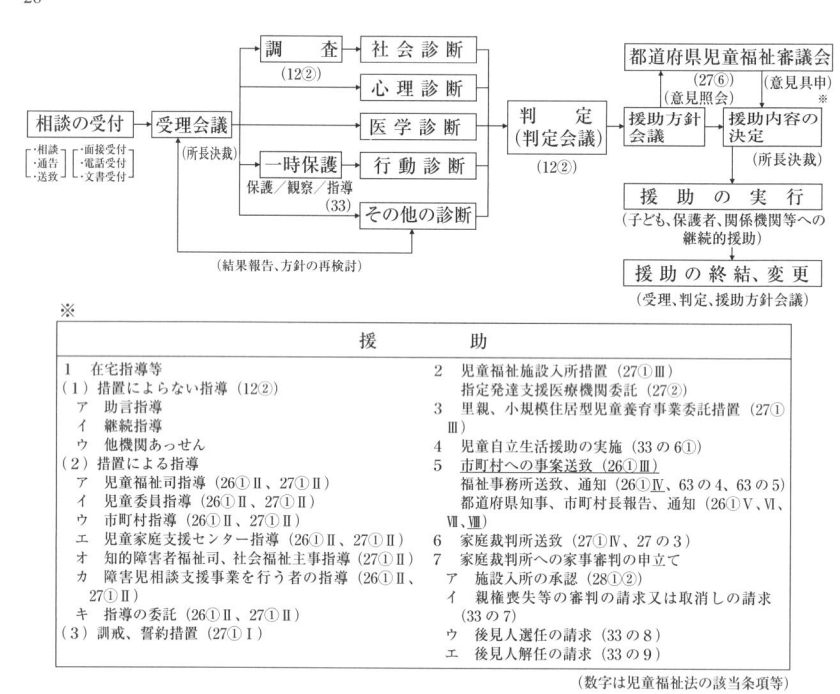

図2-3　児童相談所における相談援助活動の体系・展開

（出典）厚生労働省雇用均等・児童家庭局長『児童相談所運営指針の改正について』2017年、212ページ

## 2　市町村子ども家庭支援

　児童虐待相談件数の急増等や、育児不安の一般化による子育て相談ニーズの増加を背景に、2004年の児童福祉法改正により、児童家庭相談に応じることが市町村の業務として明確に規定された（児童福祉法第10条）。専門性の高い困難な事例への対応は児童相談所とし、市町村は、比較的軽微な事例等について、児童相談所職員による個々事例に対する助言や、研修等といった児童相談所の後方支援を受けながら相談等を受けることになった。さらに、2016年児童福祉法改正により、子どもおよび妊産婦に関する家庭等への支援が、業務に追加された。これら必要な支援を行うための拠点（市区町村子ども家庭総合支援拠点）を整備することが努力義務とされた。

　2014（平成26）年度の全国の市町村による児童家庭に関する相談受付件数は、

35 万 6169 件である。その内訳を相談件数の多い順に見ると、養護相談 17 万 3405 件（約 48.7%）、育成相談 7 万 7005 件（約 21.6%）、障害相談 3 万 6195 件（約 10.2%）、保健相談 1 万 4151 件（約 4%）、非行相談 3077 件（約 0.9%）、その他 5 万 2336 件である。養護相談の 51%（8 万 8649 件）が児童虐待相談である。このように、一般子育てに関する相談だけでなく、児童虐待、障害相談など、専門性や他の相談機関との緊密な連携を必要としている。

これら相談に対応する相談担当職員（2010 年 2 月現在）は、約 65% が児童福祉司と同様の資格を有する者、保健師・助産師・看護師、教員免許を有する者、保育士、社会福祉士、精神保健福祉士などの一定の資格を有する者であるが、約 30% は一般事務職員である。

市町村の児童家庭相談活動は、児童相談所で受ける相談と基本的に同じ流れである。

相談や通告を受け、当該ケースについての調査等を行い、この調査等の結果を踏まえて必要な支援の内容を決定・実施するというものである（図 2-3）が、市町村と児童相談所との法令上の権限等に違いがあることから、医学的、心理学的、教育学的、社会学的および精神保健上の判定を必要とする場合は、児童相談所の判定を求めなければならない。

また、多様化・複雑化する子どもや家庭の諸問題に対して、早期発見・対応、総合的・一体的な支援が重要であることから、2004 年児童福祉法改正により、各市町村に要保護児童対策地域協議会を設置することになった。関係機関が一堂に会し、情報交換を行い、共通認識のもとそれぞれの役割分担を協議するなど、各関係機関の連携を強化することを目的としている。2012 年度末には、全国 1742 の市町村数のうち、1722 か所（98.9%）が設置している。なお、未設置の市町村のうち、児童虐待防止ネットワークを設置ずみの市町村は 14 か所（0.8%）である。ほぼ全市町村が地域ネットワークを設置している。2016 年児童福祉法改正により、調整機関への専門職配置と研修義務が規定された。

これまで以上に身近な市町村が中心となり、子ども家庭相談がきめ細かに行われる体制整備が進められている。

## 3　福祉事務所・家庭児童相談室

　福祉事務所は、社会福祉法（第14条）において「福祉に関する事務所」として都道府県、市（特別区を含む）に設置が義務づけられている。その管轄する地域住民の福祉を総合的に担う第一線の社会福祉行政機関である。福祉六法（生活保護法、児童福祉法、母子及び父子並びに寡婦福祉法、老人福祉法、身体障害者福祉法、知的障害者福祉法）に定める援護、育成または更生の措置に関する事務を行っている。また、児童福祉法（第25条）において、都道府県の設置する福祉事務所は、要保護児童の通告機関とされている。

　2016（平成28）年4月1日現在、全国に1247か所設置されている。都道府県（208か所）、特別区を含む市（996か所）は義務設置であるが、町村（43か所）は任意設置である。都道府県が設置する福祉事務所は、生活保護法、児童福祉法、母子及び父子並びに寡婦福祉法に関する事務を扱い、市町村の福祉事務所は福祉六法に関する事務を扱う。

　おもな職員配置は、福祉事務所長、査察指導員（現業員の指導監督等を行う所員）、現業員（要援護者の家庭訪問・面接・資産等の調査、措置の必要の有無とその種類の判断、生活指導等を行う職員）、事務を行う所員である。このほかに、老人福祉の業務に従事する社会福祉主事、身体障害者福祉司、知的障害者福祉司等が配置されている福祉事務所もある。

　また、福祉事務所内に、厚生事務次官「家庭児童相談室の設置運営について」（1964〔昭和39〕年4月22日、厚生省発児第92号）に基づき、家庭児童福祉に関する相談や指導業務の充実と強化を図ることを目的として、家庭児童相談室が設置されている。

　2004年10月1日現在980か所設置されており、児童（18歳未満）の問題行動、発達、不登校、障害など、家庭児童福祉に関わるあらゆる相談を受け付けており、地域住民にとって気軽に相談できる機関である。職員配置は、社会福祉主事、家庭相談員であり、2004年度の相談件数は97万9657件である。とくに近年、児童虐待に関しての通報や連絡等を受けることが多くなっている。児童虐待においては、在宅での支援が可能な比較的軽微なケースや、虐待の生じる危険度の高い家庭（虐待予備軍）に対して相談指導や家族関係の調

整を行う、または、生活保護等の経済扶助につなげる、保育所や母子生活支援施設といった施設利用を促す等、他の部署と連携して生活に関わる支援を行っている。

## 第3節　家庭養護

### 1　里親制度

　里親制度とは、様々な理由により家庭での養育が困難になった子どもを、里親が自らの家庭に迎え入れ、ある期間養育する制度である。欧米では社会的養護の主流である。

　日本において法律上、施設養護と並んで里親制度が位置づけられたのは、1947（昭和22）年児童福祉法制定においてである。その定義は単独の条文ではなく、括弧書きの中で「保護者のない児童又は保護者に監護させることが不適当であると認められる児童を養育することを希望するものであって、都道府県知事が適当と認める者をいう」と規定された。その運営等については、1948（昭和23）年厚生省が「里親等家庭養育の運営について」（通知）を発出し、「里親家庭養育運営要綱」を示した。その後、1974（昭和49）年「短期里親の運営について」、1987（昭和62）年に上記の通知を改正し「里親等家庭養育運営要綱の実施について」を発出している。

　里親への委託児童数は、1949（昭和24）年10月3278人から漸次増加し、1958（昭和33）年度は約3倍の9489人となりピークを迎えたが、その後は1999（平成11）年度2122人にまで減少し続けた。しかし、児童虐待等の増加により、施設養護は質量ともに限界に達し、既述した（第1節3）事情等を背景として、里親制度の見直し、改革を進める必要があった。大幅な見直しは2002（平成14）年に始まる。2002年9月厚生労働省は「里親制度の運営について」を発出し、同年10月1日をもって、上記の「短期里親の運営について」および「里親等家庭養育運営要綱の実施について」を廃止し、「里親の認定等に関する省令」と「里親が行う養育に関する最低基準」の2つの省令を公布した。前者は、里親の種類を養育里親、短期里親に加えて、新たに専門里

親と親族里親を創設して4種類とし、これまであいまいであった里親の種類等を明確に示している。後者は、これまで施設養護については、児童福祉法の規定に従い児童福祉施設最低基準（現在、児童福祉施設の設備及び運営について）が定められていたが、里親養護については示されておらず、後者の省令によりはじめて最低基準が定められた。また、同年、「里親支援事業実施要綱」と「里親の一時的な休息のための援助（レスパイト・ケア）」により、里親支援を制度化し里親養護を支援する公的な環境整備が始まった。2004年児童福祉法改正においては、上記の定義と同じであるが、新たに里親の定義が単独条文で規定された。また、これまで里親には、受託児童についての法的な権利や義務についての規定はなかったが、親権の一部である監護、教育、懲戒について、児童福祉施設長と同様に、里親に対しても必要な措置をとる権限を明示した。このように制度上、施設養護と里親養護を対等に位置づけた。2004年の「子ども・子育て応援プラン」では5年後の里親委託率の数値目標値に15％を掲げた。さらに2006（平成18）年「里親委託推進について」（厚生労働省通知）を発出し、児童相談所に里親委託推進員、里親委託推進委員会を設置する里親委託推進事業を実施した。このように社会的養護の受け皿として里親制度の充実と推進を図ったが、里親制度は期待したようには進展しなかった。その背景には、里親制度が養子縁組のための制度と誤解されており実親の里親委託同意が得られにくい、児童相談所が措置先として施設を優先する傾向が強かったこと、子育て全般の困難さ等がある。そこで、2008（平成20）年児童福祉法改正により、養育里親と養子縁組を希望する里親の制度上の区分、養育里親の認定要件として研修の義務化と欠格事由の明示、都道府県の義務として里親支援の実施（里親支援の法定化）、委託子ども数を5〜6人とする小規模住居型児童養育事業の創設を規定した。そのほかに、里親手当の倍増への引き上げ、既存事業の里親支援事業と里親委託推進事業を統合した里親支援機関事業の創設をした。こうして家庭養護（里親等養護）を推進する制度等の環境整備が促進され、2011年1月「児童養護施設等の社会的養護の課題に関する検討委員会」の設置により新しい社会的養護の構想が始まった。同年3月30日「里親委託ガイドラインについて」（厚生労働省通知）

を発出し、里親委託優先の原則を明示した。そして、厚生労働省は里親とファミリーホームにおける養育の理念や方法、手順などを示す「里親及びファミリーホーム養育指針」を策定し、2012年3月地方自治体に通知した。また、同年3月に「里親委託ガイドライン」を一部改正し、乳児院で措置変更する場合は、原則里親委託を検討するとした。そして、この内容は「児童相談所運営指針」（2012年3月）の改正で反映された。このように矢継ぎ早に里親制度の推進に向けて法改正等が進められた。2016年には、特別養子縁組を含む養子縁組や里親・ファミリーホームへの委託優先が児童福祉法に規定された。

## 2　里親の種類

里親の種類は、養育里親、専門里親、養子縁組を希望する里親、親族里親の4種類である。

### 1）養育里親

養育里親とは、都道府県知事が行う研修を修了し養育里親名簿に登録された者で、保護者のない子どもまたは保護者に監護させることが不適当であると認められる児童（要保護児童）を養育する里親である。里親養育の中核となる里親であり、養育できる委託児童数は4人まで、実子を含めて6人までである。また、養育里親登録の有効期間は5年で、更新研修を受ける必要がある。

現在（2015〔平成27〕年3月末）、登録里親数7893世帯、委託里親数2905世帯、委託児童数3599人である。

### 2）専門里親

専門里親は、養育里親としての要保護児童の養育経験を有する等の要件を満たし、専門里親研修を修了した養育里親で、要保護児童のうち、児童虐待等の行為により心身に有害な影響を受けた子ども、非行等の問題を有する子ども、障害がある子どもを養育する里親である。養育できる委託児童数は2人まで、委託期間は2年であるが、必要に応じて委託期間の延長が認められる。なお、登録有効期間は2年で、更新研修を受ける必要がある。

現在（2015年3月末）、登録里親数676世帯、委託里親数174世帯、委託児

童数 206 人である。

### 3）養子縁組里親

養子縁組里親とは、養子縁組が可能な要保護児童を養育する養子縁組を前提とし、都道府県知事が行う研修を修了し養子縁組によって養親となることを希望する者のうち、養子縁組里親名簿に登録された者で、将来的に普通養子縁組もしくは特別養子縁組を行う里親である。子どもが 6 歳未満の場合は特別養子制度により、委託から半年程度の試験養育期間を経て家庭裁判所に申し立てをし、家庭裁判所の調査、審判確定により子どもは戸籍上、実親との親子関係はなくなり、養親が子どもの唯一の親となる。普通養子制度は、戸籍上、子ども（養子）は実親と養親の 2 組の親を持つことになり、実親との関係は消滅せず、民法上の扶養、相続関係は継続することになる。養子制度は、児童の養育に法的安定性を与え、子どもに永続的な家庭環境を保障できる制度である。

現在（2015 年 3 月末）、登録里親数 3072 世帯、委託里親数 222 世帯、委託児童数 224 人である。

### 4）親 族 里 親

親族里親は、要保護児童の三親等内の親族であり、両親その他その子どもを現に監護する者が死亡、行方不明または拘禁等で養育できない場合に、子どもを養育する里親である。親族里親は養育費等は支給されるが、里親手当は支給されない。しかし、2011 年から制度が変更され、叔父叔母など扶養義務のない親族について、里親手当を支給することになった。

現在（2015 年 3 月末）、登録里親数 485 世帯、委託里親数 471 世帯、委託児童数 702 人である。

## 3　小規模住居型児童養育事業

小規模住居型児童養育事業（ファミリーホーム）は、東京都や茨城県等の一部自治体で里親型のグループホームとして行われていたが、国の制度として2008 年児童福祉法改正において、「小規模住居型児童養育事業とは、第 27条第 1 項第 3 号の措置に係る児童について、厚生労働省令で定めるとことに

表 2-1　里親、ファミリーホーム、グループホームの比較

| | 里　親 | ファミリーホーム | グループホーム | |
|---|---|---|---|---|
| | | | 地域小規模児童養護施設 | 小規模グループケアの分園型 |
| 形態 | 家庭養護<br>(養育者の家庭に迎え入れて養育を行う) | | 施設養護 (施設を小規模化・地域分散化し、家庭的な養育環境とする) | |
| 位置づけ | 個人 | 第2種社会福祉事業<br>(多くは個人事業者。法人形態も可能) | 第1種社会福祉事業である児童養護施設の一部 (法人形態) | |
| 措置児童数 | 1～4名 | 定員5～6名 | 定員6名 | 定員6～8名 |
| 養育の体制 | 里親<br>(夫婦又は単身) | 養育者と補助者があわせて3名以上<br>(措置費上は、児童6人の場合、常勤1名＋非常勤2名) | 常勤2名<br>＋<br>非常勤1名 | 児童数に応じた配置に加算職員<br>(5.5：1等の配置<br>＋小規模ケア加算の常勤1名<br>＋管理宿直等加算の非常勤1名分) |
| 措置費 | 里親手当<br>養育里親　72,000円<br>(2人目以降は36,000円を加算) | 上記の人件費に基づく事務費を委託児童数に応じて算定 (現員払い) | 上記の人件費に基づく事務費を児童定員数に応じて算定 (定員払い) | |
| | | 賃借による場合は1か月10万円を措置費で算定 | | |
| | 児童の一般生活費 (約4万7千円)、各種の教育費、支度費等は、共通 | | | |

(出典) 厚生労働省「ファミリーホームの要件の明確化について (概要)」

より、保護者のない児童又は保護者に監護させることが不適当であると認められる児童の養育に関し相当の経験を有する者その他の厚生労働省令で定める者の住居において養育を行う事業をいう」(第6条の3第8項) と定められた。しかし、里親から移行したファミリーホームと新たに開設された施設分園型グループホームといった養護形態もでき、家庭養護の理念 (児童を養育者の家庭に迎え入れて養育を行うという理念) があいまいになる状況も生じたことから、2011年児童福祉法施行規則とファミリーホーム実施要綱を改正して、ファミリーホームの形態を明確にした (表2-1)。さらに「小規模住居型児童養育事業 (ファミリーホーム) の運営について」(通知) の一部改正により、養育者は、養育里親または専門里親として登録された者であることが望ましいとされた。

　養育者の人員配置および要件 (養育形態) は、夫婦である2名の養育者と

補助者1名以上、または、養育者1名と補助者2名以上とし、養育者はファミリーホームに生活の拠点を置く者として、家庭養護の特質を明確にした。委託児童の定員は5〜6名である。里親ファミリーホームのメリット（柏女2007 94‐97ページ）は、①家庭生活そのものであること、②きょうだいを経験できること、③大家族の良さを味わえること、④里親に預けたがらない実親への対応、⑤人生サイクルを里親と共有できること、である。

現在（2016年3月末）ファミリーホーム数287か所、委託児童数1261人であり、家庭養護を進めるうえで、開設数の増加が期待される。

## 4　里親支援体制

公的に里親養護を支える仕組みは、2002年「里親支援事業」と「里親の一時的な休息のための援助（レスパイト・ケア）」に始まる。前者は、里親研修事業と里親養育相談事業の2事業であったが、2004年に里親養育援助事業と里親養育相互援助事業を追加し4事業となった。里親養育相談事業とは、里親からの相談に応じ、里子の養育等について適切な指導や助言を行うことであり、里親養育援助事業とは、里親家庭の負担を軽減するため、訪問による生活援助（家事、養育補助など）や軽度な養育相談を実施する事業である。そして、里親養育相互援助事業とは、里親が児童相談所等に集い、里親相互の交流により、里親の精神的負担の軽減を図る事業である。また、「里親の一時的な休息のための援助（レスパイト・ケア）」とは、委託されている子どもを養育している里親家庭が一時的な休息のための援助を必要とする場合に、乳児院、児童養護施設または他の里親家庭を活用してその子どもの養育を行う制度である。専門里親希望者や養育里親に対する研修の実施や里子や里親自身に関する養育相談等を実施することで、里親制度の充実を図った。これら里親支援事業は、2008年児童福祉法の改正において、里親支援が法定化され、里親への委託推進、積極的な里親制度の普及啓発、研修による里親の資質向上、里親に対する相談・援助等について、総合的に里親支援を実施する事業として里親支援機関事業が創設された。本事業は、都道府県が里親支援機関を設置して里親支援機関事業を実施するものであるが、里親会、児童

家庭支援センター、児童養護施設、乳児院、NPO 等を里親支援機関に指定し、本事業の全部あるいは一部を委託することができる。また、2011 年、児童家庭支援センターの業務に里親等（ファミリーホームを含む）への支援が加わり、翌年には、乳児院と児童養護施設に、施設の養護に携わらない、里親支援に特化した職員（里親支援専門相談員）が配置されることになった。

　なお、上記の里親会は、児童福祉法施行の 1948 年から各地に発足した。里親の多くは、市町村の里親会（地域里親会）に加入しており、会員相互の連携・交流を深めながら養育技術の向上や里親制度の発展等を目的として活動している。これら地域里親会の上位組織に都道府県単位の里親会があり、全国組織としては全国里親会がある。

　このように児童相談所を中核として、里親委託等推進員、里親委託等推進委員会、児童家庭支援センター、施設に配属の里親支援専門相談員等を実行体制とした里親支援の体制が整備された。さらに、2016 年児童福祉法改正により、里親開拓から自立支援まで一貫した里親支援が都道府県（児童相談所）の業務として法定化された。

## 第 4 節　施 設 養 護

### 1　施設養護とは

　施設養護は、主として乳児院、児童養護施設での養護であるが、児童心理治療施設、児童自立支援施設、障害児入所施設、自立援助ホーム等においても社会的養護の必要な子どもが生活している。子どもたちは、24 時間体制の家庭養育に代わるケアを受け、施設の生活を基盤として日常生活を送っている。これら施設養護の目的は、子どもに安心・安全な生活環境を提供し、不適切な養育環境による発達の歪みや心の傷の癒し・回復、発達保障、親子関係の調整等による家族再統合、自立支援等である。日常の子どものケアを専門とする職員（直接処遇職員）だけでなく、心理担当職員、家庭支援専門相談員、調理師等の様々な専門職員が配置されており、直接処遇職員がチームになり、他の専門職員とも密な連携をとりながら養育を行っている。

　また、こうした入所機能のほかに、児童心理治療施設や児童自立支援施設等は、家庭から日中、施設に通所して、施設の専門的指導、相談、医療的ケア等を受けられる通所機能も備えている。

　ところで、施設養護の運営形態は、大舎制、中舎制、小舎制といった基本的に子どもの集団生活を前提とした運営（養護）形態である。それぞれ1養育単位当たりの定員数は、大舎制が20人以上、中舎制が13〜19人、小舎制が12人以下である。これまでとくに大舎制が施設養護の主流形態であったが、既述した（第1節3）背景から、家庭的養護が進められている。2008年（3月1日）に約7割を占めた大舎制は、2012年（3月1日）に約5割となった。

## 2　家庭的養護

　施設において家庭的な養育環境を目指す小規模の取り組みを家庭的養護という。できるだけ子ども集団を小さくし、地域の中で、家庭に近い養育環境を提供することで、「あたり前の生活」に近づけ、子ども一人ひとりの個別的状況に対応できることを目的としている。

　家庭的養護には、本体施設をユニット化した小規模グループケア、小規模グループケアの分園型、地域小規模児童養護施設がある。小規模グループケアは、2004年に制度化されており、本体施設や地域で、子ども集団6〜8人（乳児院は4〜6人）を1グループとした養育形態をとる。また、地域小規模児童養護施設は、2000年に制度化されており、現に児童養護施設の本体施設の支援のもと、地域社会の民間住宅等を活用して、家庭的な環境の中で養育を実施する。日常的な近隣住民との適切な交流等を通して、児童の自立的支援の促進を目的としている。職員2名（＋非常勤1人＋管理宿直）、子どもグループ定員6人である。地域小規模児童養護施設の対象となる子どもは、児童養護施設に入所する子どものうち、本体施設から離れた家庭的な環境のもとで養育することが適切な者である。

　これら小規模化の実施状況（2015年度）については、地域小規模児童養護施設234施設332か所の実施、小規模グループケア（児童養護施設）436施設1057か所の実施、小規模グループケア（乳児院）70施設161か所の実施である。

社会的養護の必要な子どもたちに、可能な限り家庭的な環境で、地域社会の中で、安定した人間関係のもとでの養育を進めている。

## 第5節　在宅養護

　在宅養護とは、比較的新しい概念であり、子ども家庭福祉の現状を背景とし、子どもが家庭を生活の拠点としつつ養護サービスを受けられる仕組みである。本節では、子育て短期支援事業を取り上げる。

　子育て短期支援事業は、児童福祉法において「保護者の疾病その他の理由により家庭において養育を受けることが一時的に困難となった児童について、厚生労働省令でさだめるところにより、児童養護施設その他厚生労働省令で定める施設に入所させ、その者につき必要な保護を行う事業をいう」（第6条の3）と規定されている。短期入所生活援助（ショートステイ）事業と夜間養護等（トワイライトステイ）事業の2つがある。

　短期入所生活援助事業とは、保護者の疾病や仕事等の理由で児童の養育が一時的に困難となった場合、または育児不安や育児疲れ、慢性疾患児の看病疲れ等の身体的・精神的負担の軽減が必要な場合、児童を児童養護施設等（児童養護施設、母子生活支援施設、乳児院、里親など）で一時的に養育・保護する事業である。原則、7日以内の利用である。実施箇所数は、2015年度で740か所である。

　夜間養護等事業は、保護者が、仕事その他の理由により平日の夜間または休日に不在となり家庭において児童を養育することが困難となった場合や緊急の場合において、その児童を児童養護施設等（児童養護施設、母子生活支援施設、乳児院、里親など）において保護し、生活指導、食事の提供などの養護サービスを提供する事業である。実施箇所数は、2015年度で375か所である。

　これら2つの事業は、子育て支援短期利用事業として、ひとり親家庭を対象に実施されていたが、2002年の母子及び寡婦福祉法改正にともなう児童福祉法の改正により、子育て短期支援事業と名称変更され、児童福祉法に規定された。厚生労働省「子育て短期支援事業の実施について」（通知）に基づ

き実施される。子ども家庭を取り巻く近年の諸状況（働き方の多様化、子育て不安の一般化、児童虐待の増加・深刻化）を背景に、すべての子ども家庭を対象とした子育て支援事業の1つであり、実施主体は市町村である。

〈演習問題〉
1　夜泣き、発熱を繰り返す乳児を委託して数か月を経たころ、里母は疲労から寝込んでしまった。里母の体調回復まで、子どもの養育を支えるために、どのような支援（里親支援、一般子育て支援等）を必要とするか考えてみよう。
2　母親が病死したある家庭には、4歳と小学2年生の子どもがいる。父親は10時過ぎの帰宅や、出張で数日間、家を留守にすることがある。子どもたちが家庭で生活し続けるには、どのような支援が必要か。フォーマルな支援だけでなく、インフォーマルな支援についても考えてみよう。
3　日常保育の中で、虐待を発見したとき、どのような機関に通告したらよいか。また、その後に見守り体制が敷かれた場合、保育士はどのような役割を担うのか考えてみよう。

〈引用・参考文献〉
新たな社会的養育の在り方に関する検討会（2017）『新しい社会的養育ビジョン』
柏女霊峰監・里親ファミリーホーム全国連絡会編（2007）『これからの児童養護』生活書院
小池由佳・山縣文治編著（2013）『社会的養護（第3版）』ミネルヴァ書房
庄司順一・鈴木力・宮島清編（2011）『里親養育と里親ソーシャルワーク』福村出版
山縣文治（2011）「社会的養護の現状と国連ガイドラインの影響および課題」子どもの村福岡編『国連子どもの代替養育に関するガイドライン―SOS子どもの村と福岡の取り組み―』福村出版
山縣文治・林浩康編（2012）『よくわかる社会的養護』ミネルヴァ書房
厚生労働省（2017）「社会的養護の現状について（参考資料）」
厚生労働省児童家庭局長通知（2013）「地域小規模児童養護施設の設置運営について」
厚生労働省雇用均等・児童家庭局長通知（2017）『里親支援事業の実施について』
厚生労働省雇用均等・児童家庭局長通知（2017）「『里親制度の運営について』の一部改正について」
厚生労働省雇用均等・児童家庭局長（2017）『児童相談所運営指針の改正について』2017年
厚生労働省雇用均等・児童家庭局長（2017）『「市町村子ども家庭支援指針」（ガイドラン）』

# 第3章

# 社会的養護の歴史的展開

## 第1節　日本における社会的養護のあゆみ

### 1　近代以前の時代における社会的養護

　社会的養護は、「子どもの最善の利益のために」と「社会全体で子どもを育む」を理念として行われる。車の両輪と一緒で、その双方が噛み合ってその体制が整えられ始めたのは明治期以降のことである。

　古代社会においては、聖徳太子（574〜622年）による四箇院（悲田院、敬田院、施薬院、療病院）の建立（593年）に見られるように、仏教思想をよりどころとする民間仏教者や為政者による救済事業が主であった。とくに悲田院では、棄児や孤児を収容養護したと伝えられている。主だった取り組みは、光明皇后（701〜760年）が奈良興福寺境内に施薬院、悲田院を建立、756年には天皇に仕える女官・和気広虫（730〜799年）が戦乱や飢饉のため身寄りのない子どもたち83名をわが子同然に育てたといわれている。

　やがて中世封建制社会（室町、鎌倉時代）へと移り、子どもの地位は親に対して絶対服従という忠孝思想が支配した。下級武士や商人、農民の間では生活苦になると、堕胎や間引き、人身売買などの状況が見られた。この時代には、三大慈善家と呼ばれる叡尊（1201〜1290年）、忍性（1217〜1303年）、重源（1121〜1206年）らの仏教者が孤児や病者への救済活動を行っている。室町時代末期には、イエズス会が来朝し、キリスト教の伝道が始まった。アルメイダ（Luís de Almeida〔1525〜1583年〕）は布教活動の中で嬰児殺しがなされることに心を痛め、豊後府内（現在の大分県）で「育児院」を建設し、棄児養育に

尽力した。当時の農山村では、寺社が中心となり仏教者やキリスト教による慈善活動が広がっていた。

　江戸時代は、儒教思想が取り入れられ、封建的な支配社会が確立された時期である。身分制度のもとで農民の生活は重税や度重なる自然災害の影響を受けて厳しさを増す一方であった。堕胎や間引き、棄児が常態化し、幕府は「捨て子禁止令」を発するがその効果は乏しかった。そのほかの救貧対策としては、老中の松平定信（1758〜1829年）の「七分積金制度」がある。積み立てられた一部が孤児の救済や教育に使われるなど、養育されない子どもへの支援が行われていた。

　このように、制度として確立した救済制度ではなく、宗教思想に基づく慈悲、慈善の活動が主として行われており、社会的養護の萌芽は明治期を待たねばならなかった。

## 2　明治・大正期の社会的養護

　明治維新とともに近代国家へ変化を遂げる中、わが国では急激な社会変動や社会不安から多数の貧困者層が生み出されることになる。その結果、江戸時代と同様棄児や孤児も多くなり、窮乏した農民の間では堕胎や間引き、人身売買も行われていた。そこで政府は1868（明治元）年に「堕胎禁止令」を布告した。次に1871（明治4）年に「棄児養育米給与方」という布告ができ、棄児の養育者に対してその子どもが15歳に達するまで年間米7斗（98 L）を支給した。また1972（明治5）年には「人身売買禁止令」、1873（明治6）年には多子を出産した貧困家庭に対し養育一時金5円を支給する「三子出産ノ貧困者へ養育料給与方」が出された。だが、これらは近代国家にふさわしい体裁のため、そして国策であった富国強兵、つまり兵力の増強のための保護であった。

　明治政府が発布した基本的な救済制度は、1874（明治7）年の「恤救規則」である。13歳以下の孤児について一定限度の米が給付された。その一方で、親や家族がある者は、貧困のため子どもの養育が困難であっても救済を受けられなかった。そのため、公的な施策としては不十分な状況で、それを補う

のは民間の慈善活動家であった。仏教やキリスト教の宗教関係者や篤志家の手によって、いくつもの慈善救済事業が展開され、これが今日の児童保護事業の萌芽となるのである。次にそれらを「孤児・貧児保護」「非行児童保護」「保育事業」「障害児保護」の順に、紹介していく。

　「孤児・貧児保護」の取り組みに関する動きでは、1869（明治2）年に大分県知事であった松方正義（1835〜1924年）が、有志を集めて寄付金を出し合い「日田養育館」を、1872年に修道女ラクロットが横浜に「横浜慈仁堂」を、1874（明治7）年に岩永マキ（1848〜1920年）が長崎に「浦上養育院」を設立している。さらに1887（明治20）年には、「児童養護の父」と称される石井十次（1865〜1914年）による「岡山孤児院」も設立された。キリスト教慈善思想に影響を受けた石井十次は、ルソー（J.J. Rousseau〔1712〜1778年〕）、ペスタロッチ（J.H. Pestalozzi〔1746〜1827年〕）の思想やイギリスのバーナード・ホームの実践にならい「岡山孤児院十二則」（家族主義、委託主義、満腹主義、実行主義、非体罰主義、宗教主義、密室教育、旅行教育、小学教育、実業教育、托鉢主義、米流主義）をとりまとめ、先駆的な実践を行った。1906（明治39）年には、実に1200名に達する子どもを入所させ、保護している。

石井十次、岡山孤児院の様子
（出典）左：社会福祉法人石井記念友愛社ホームページ
　　　　右：岡山シティミュージアムデジタルアーカイブ（原資料『岡山孤児院写真帳』岡山市立中央図書館蔵）

留岡幸助
(出典) 岡山県高梁市ホームページ

二葉幼稚園の様子
(出典) 二葉保育園ホームページ

　「非行児童保護」に関する動きでは、非行・不良少年に対する実践がある。罪を犯した児童に罰を与えて懲らしめる方法ではなく、非行に至る社会的要因と今後の生活を考慮し、懲罰ではなく環境を整え、感性を強化する感化教育によって社会復帰できると考えられたのである。その先駆的事業としては1883（明治16）年、大阪の池上雪枝（1826～1891年）が神道祈祷所に日本ではじめての非行児保護施設「池上感化院」を設置した。また、1885（明治18）年には高瀬真卿（1853～1924年）が「東京感化院」を開設した。そして1899（明治32）年には、留岡幸助（1864～1934年）が東京巣鴨に「家庭学校」を開設し感化事業の基礎を確立した。

　「保育事業」に関する動きでは、1890（明治23）年、新潟市で赤沢鍾美（1864～1937年）が私立新潟静修学校に付属した託児施設を開設したのが日本初の保育所といわれている。また東京では1900（明治33）年、キリスト教信者であった野口幽香（1866～1950年）が貧困家庭の幼児を教育する「二葉幼稚園」（1915年に二葉保育園と改称）を創立させた。

　「障害児保護」に関する動きでは、1891（明治24）年、石井亮一（1867～1937年）が濃尾大地震による孤児の育児施設「孤女学院」を創設している。そこに保護した女児の中に知的障害のある子どもがいたことで、知的障害児の教育に関心を持ち、アメリカで知的障害者の教育を学んだ。そして帰国後、「滝

乃川学園」と改称し、知的障害者の専門施設とし
て運営をスタートさせた。このほかにも、1909（明
治42）年には京都の脇田良吉（1875〜1948年）が「白
川学園」を設立するなど、明治から戦後にかけて
創設された知的障害児施設は22施設に及ぶ。また、
肢体不自由児保護の動きは大正時代以降である。
1916（大正5）年には高木憲次（1889〜1963年）によ
って肢体不自由児巡回相談が開始され、もっとも
早く設立された施設は1921（大正10）年設立の「柏
学園」である。

石井亮一
（出典）滝乃川学園ホームページ

　ほかにも、虚弱児関係では1917（大正6）年の「白
十字会茅ヶ崎林間学校」、1926（大正15）年の「一宮学園」、ろうあ児関係で
は1933（昭和8）年の「東京ろうあ技芸学園」などがある。
　以上のように、明治・大正期にかけて、孤児・貧児保護、非行児童保護、
保育事業、障害児保護の各分野の萌芽ともいえる実践が生まれ、発展してい
った。ともに法に基づく支援がない中での尽力であった。

## 3　昭和初期の社会的養護

　大正から昭和初期にかけては、世界的に列強諸国の帝国主義、植民地支配
が進んだ時期でもある。1929（昭和4）年には世界大恐慌が起こり、深刻な経
済不況は大量の生活困窮者を生み出した。子どもを巡っても、乳児死亡率の
上昇、小児結核や栄養失調、欠食児童、親子心中、人身売買、虐待・酷使、
非行児童の急増などが社会問題となっていった。
　このような状況から、「恤救規則」に代わるものとして1929年に「救護法」
が制定された。ここで救護は国の義務として位置づけられ、救護施設の1つ
に孤児院も挙げられるなど一定の前進が見られたが、被救済者には救済権や
参政権を認めないという欠格条項も有していた。
　1933年には、街頭に浮浪する子どもの増加や欠食児童の続出、児童労働
の問題が顕在化し、「児童虐待防止法（旧）」と「少年教護法」制定にともな

う「感化法」の廃止があった。「児童虐待防止法（旧）」は、児童を保護すべき責任にある者が 14 歳未満の児童を虐待しまたは著しくその監護を怠った場合の処分を定め、その防止を図ることを目的としている。児童に軽業、見世物、乞食、物売りなどをさせることも禁止している。「少年教護法」では、対象年齢を 14 歳未満とし、従来の感化院は少年教護院として改組、都道府県にはその設置を義務づけ、さらに国立の教護院を設置することや、少年鑑別所を併設すること、また院内教育の実施によって尋常小学校教科修了者として認定するなどの内容であった。1947（昭和 22）年の児童福祉法成立にともない、「少年教護法」は廃止された。

　またこの時代には経済的に不安定な家庭からは親子心中が多発し、その多くが母子心中であった。これをきっかけに、1927（昭和 2）年に児童扶助法案が提出されるが、母親も扶助すべきであるとの考え方から改案され、1937（昭和 12）年は「母子保護法」が制定された。同法の保護対象は、13 歳以下の子どもを養育する母（祖母）であり、母子保護の重要性が社会的に認められるようになった。法律の目的は児童の養育で、母親に労働能力があっても生活・養育・生業の 3 扶助を行い、さらに埋葬費の支給も考えられた。しかし、これらは戦時体制を支える「健民健兵」育成政策のもとで、人的資源の確保育成に主眼が置かれた一面もあった。同じ年に公布された「軍事扶助法」は、戦争遂行の国家目的を達成するための配慮として、戦争犠牲者の遺家族や母子家庭を対象とした援護施策である。

## 4　戦争と児童

　このような国内の状況の中で、わが国は軍事力をもって市場の拡大を満州（現在の中国東北部）に求め、軍部は軍部独裁政権の樹立を画策、満州事変を引き起こした。国際連盟から脱退し、国際的には独立というよりも、孤立した国であった。以降、戦争に向けての道をあゆみ続けることになる。1937 年の日中戦争への突入および軍事体制の確立は、当然子どもにも大きな影響を及ぼしていく。

　1938（昭和 13）年 1 月に厚生省が設置され、同年 3 月に国家総動員法が制

定された。国民生活のすべての自由が抑圧・制限され、生活に必要な物資は不足し始め、戦争の敗色が高まれば高まるほど生活は貧窮に陥り、飢餓状態に追い込まれた。社会事業は厚生事業へと変容し、兵力と労働力育成の観点から施策が進められた。1940（昭和 15）年には、遺伝子性疾患を有する者の増加を防止し、健全な素質を持つ者の増加を図ることを目的に「国民優生法」が公布された。1942（昭和 17）年には、健康児出産増加対策として妊産婦手帳の交付制度が実施されるようになった。これらは戦時体制下の国家総動員法に準拠した富国強兵政策で、広く一般児童を対象として人口政策や医療保健政策と連動したもので、それまでの社会的養護の観点からは遠く離れたものであった。

　1945（昭和 20）年 8 月にようやく終戦を迎えるも、空襲で家族を失った子ども、外地から引き揚げる途中で家族とはぐれたり死に別れたりした子ども、浮浪生活を続けることになった子どもが急増するなど、戦争は子どもに大きな被害を与えたのであった。

## 5　敗戦後の社会的養護

　戦後、街には緊急に保護が必要な子どもが大勢いた。そこで政府は応急措置として、1945 年に「戦災孤児等保護対策要綱」を出して緊急保護を実施したが容易には解決しなかった。続いて 1946（昭和 21）年に「浮浪児その他の児童保護等の応急措置実施に関する件」が通達され、各都道府県の浮浪児を保護収容するために養護施設（現・児童養護施設）の増設方針がとられた。路上で生活する浮浪児を「刈り込み」と称して強制的に施設に保護したが、効果的な対策とはいえなかった。

　18 歳未満の戦災孤児、引揚孤児、浮浪児といった子どもは、1948（昭和 23）年の厚生省による「全国孤児一斉調査」で 12 万 3504 人も報告されている。そのうち、施設に保護された者が 1 万 2216 人、親戚や知人のもとで養育された者が 10 万 7000 人であったとされている。

　戦災孤児と浮浪児に対する一連の対策では抜本的な解決には至らず、一方で、貧窮のため、妊産婦や乳幼児が病気や栄養失調になることが多く、乳幼

児死亡率も非常に高い状況であった。この状況から、従来の社会事業とは異なる施策が必要であった。

敗戦後の日本はアメリカ占領軍（GHQ：連合国軍最高司令官総司令部）の指導のもとで復興を推し進めていた。1946 年には日本国憲法が制定された。そして、この新憲法下の第 1 回特別国会に上程され、可決したのが児童福祉法であり、1947（昭和 22）年に制定された。日本国憲法第 25 条の生存権に基礎を置き、総則には児童福祉の理念、児童育成の責任、原理の尊重が明示された。草案の初期段階では「児童保護法」という名称だったが、すべての子どもの積極的な育成という理念により日本初の「福祉」の文言を名称に掲げた法律となった。そこから、児童の社会的養護が体系化された。それまでの児童養護の施設は、法制上、孤児院（育児院）、教護院、母子寮の 3 種類であったが、この法により、助産施設、乳児院、母子寮、保育所、児童厚生施設、養護施設、精神薄弱児施設、療育施設、教護院の 9 種類となった。翌年の 1948 年には施設の設備や職員の資格、配置基準等を定めた児童福祉施設最低設置基準が公布され、これら児童福祉施設はその後の改正を経て、名称変更や統廃合を繰り返し現在に至っている。加えて、1951（昭和 26）年には里親制度も社会的養護として位置づけられた。

同年 5 月 5 日に、児童の権利を確認しその福祉を心から願い、大人が子どもに対し社会的に誓約するものとして児童憲章が宣言された。「児童は、人として尊ばれる。児童は、社会の一員として重んぜられる。児童は、よい環境のなかで育てられる。」の前文で始まるこの憲章の願いと精神は、児童の養育の理想的規範といえるものである。

このように高い理想を持って終戦後の子どもの福祉はスタートした。しかしながら、その後の道程も平坦なものではなかった。

施設養護が落ち着き始めた 1950 年代には、施設での処遇や技術について活発な論争が展開された。1945 年、アメリカの精神分析学者スピッツ（R. Spitz〔1887〜1974 年〕）は、乳児院などの施設や小児病棟で親と離れて長期間生活していることで、乳幼児の心身に発達上の深刻な問題があらわれることを「ホスピタリズム」（Hospitalism ＝施設病）と称した。さらに、イギリスの

小児精神科医ボウルビィ（J.M. Bowlby〔1907～1990 年〕）は、施設入所や病院に入院しなくてもホスピタリズムが生じることを指摘し、この原因を母性的養育の欠如にあると考え「母性の剥奪」（maternal deprivation）が、子どもにとって深刻で恒久的な悪い影響を及ぼすと提唱した。ボウルビィの1950 年の調査研究報告書「母性的養育と精神衛生」では、乳幼児期から施設で生活している子どもは、身体的にずんぐりむっくり型で、その性癖の共通欠陥として、①学習意欲に乏しい、②発表が下手である、③すべてが消極的である、と述べている。

　1950 年ごろにはわが国にもこの考え方が紹介され、施設そのものの在り方を問う「ホスピタリズム論争」が展開された。その結果、施設をできるだけ家庭的な雰囲気で個別的な処遇を行うことで、問題発生を予防する方向性や、施設の特質である児童集団を生かした積極的養護や集団養護を目指す方向性が模索され、ホスピタリズムの克服が追究された。だが、この論争は決定的な解決を見ないままに今日に至っている。

　この論争によって、子どもの発達障害に関する問題への対応、施設養護の在り方への問題提起がなされ、この論争によって養護理論が生まれた。これからもさらによい方向性を求めて、探究し続けることが重要である。

　その後わが国は、高度経済成長期に入り、国民の生活水準は飛躍的に向上した。先進国の一員として地位を築きつつあったが、その一方で、経済を何よりも優先させた歪みから様々な問題が顕在化した時期を迎える。工業化の振興は農村や漁村から大都市、工業地帯への人口移動をもたらし、都市化、核家族化、地域社会の変容といった社会構造の変化を生み出した。また、公害問題、交通事故の増加、家族機能の弱体化にともなう問題、女性就労の増加による保育所の増設も課題とされた。1963（昭和 38）年に発行された『児童福祉白書』では、「経済成長は人間の福祉を成長させるのが目標であるはずなのに実際には非行少年、情緒障害、神経症、自殺児童の増加など子どもの福祉を阻害している」と危機を訴えている。

　経済の急成長は女性の社会進出ももたらしたが、核家族化の進行、離婚率の増加等の状況から、子どもの児童養護施設の入所理由には、離婚、傷病、

行方不明による割合も高くなった。戦災孤児の保護から始まった施設養護であったが、家族への支援も含めて親がいる子どもへの対応も求められるようになった。

　障害のある子どもたちへの新たな動きが見られるようになるのもこの時期である。1961（昭和36）年には「情緒障害児短期治療施設」が児童福祉法に新設された。また、1963年には「この子らを世の光に」の言葉で有名な糸賀一雄（1914〜1968年）らによって、重症心身障害児施設「びわこ学園」が設立された。糸賀は「障害者福祉の父」と称えられている。重症心身障害児施設は1967（昭和42）年に児童福祉法に追加されている。

　その児童福祉法が制定されて以降の時代はめくるめく動き、子どもを巡る状況も急激に変容していった。そこで、現在の子どもの複雑・多様な問題に対応するために、1997（平成9）年、制定から50年ぶりに改正が行われた。このときの改正では、①保育所の利用方法の変更、②施設の機能や名称の見直し、③施設の目的に自立支援の付加、④虚弱児施設の廃止、⑤児童家庭支援センターの創設等であった。その後も、児童福祉法は毎年のように改正され、2003（平成15）年の改正では、子育て支援の概念が位置づけられ、①市町村における子育ての支援事業の実施、②市町村における子育て支援事業のあっせん等の実施、③保育計画の作成、④児童養護施設等が地域住民に対して行う子育て支援の強化が付加された。その後、2004（平成16）年には、「児童虐待の防止等に関する法律」が成立し、それに連動し、本法も改正された。地域における虐待予防の取り組みを強化するため児童相談に関する体制の充実、児童福祉施設の在り方の見直し等が行われた。2008（平成20）年の改正では、小規模住居型児童養育事業が規定され、法的な養育里親の位置づけや施設内における被措置児童等虐待の防止などが盛り込まれた。

　2010（平成22）年には、主として障害児福祉関係の改正が行われた。2005（平成17）年に成立した「障害者自立支援法」に関連し、障害児の支援は児童福祉法とともに同法のサービスを受けることとなった。おもな改正点は、①障害児の定義に精神障害児が加えられたこと、②これまで障害種別ごとに分類されていた障害児施設を「障害児入所型施設（福祉型・医療型）」と「児童発

達支援センター（福祉型・医療型）」に再編成したこと、③障害児に対する放課後デイサービスや保育所等訪問事業が創設されたことである。障害者自立支援法ではそれまでと利用方法が変わり1割負担が必要とされたが、2013（平成25）年から障害者総合支援法へと変更し施行され、原則応能負担になった。

　障害児、とりわけ発達障害児への支援に関しては、2004年に成立し翌年施行された「発達障害者支援法」によって、児童の発達障害の早期発見および発達障害者の支援のための施策として発達障害者支援センターの設置などが規定された。この法律では、発達障害児の自立と社会参加の援助について国・自治体の責務を規定している。

## 第2節　社会的養護の最近の動向

　第1節では、日本における社会的養護の歴史を概観してきた。第2節では、前節でふれた部分以外の最近の動向を紹介する。

　1994（平成6）年は、わが国が「子どもの権利条約」を批准した年である。批准とは、条約を国会で審議、承認し国際的に宣言することであり、国内法と同様に法的拘束力を持つことである。子どもの権利条約は、10年もの準備期間の末に1989（平成元）年に国連で採択された条約である。国連は1979年を国際児童年として定め、各国で子どもをまもる取り組みが展開された。この児童年に際して、宣言に実効性を持たせ、拘束力を持つ条約として制定し国際社会が子どもの権利を保障する体制が必要であると起草されたのである。これ以降、子どもを保護の対象として見るのではなく、権利の主体としての児童福祉施策へと移行していく。1997年の児童福祉法の改正へもつながり、子どもの将来的な自立を促進・自立を支援するためのケアを提供することが明示され、施設名称の変更も行われた。

　また2000（平成12）年には、児童福祉法の児童虐待対策を補足・強化する「児童虐待の防止等に関する法律」（児童虐待防止法）が制定された。1970年代はじめから家庭内で起こる虐待が増加し始め、児童虐待が社会問題となり、対応の強化が求められたのである。そのほかにも、1999（平成11）年には「児

童買春、児童ポルノに係る行為等の規制及び処罰並びに児童の保護等に関する法律」（児童買春・児童ポルノ禁止法）が、2001（平成13）年には「配偶者からの暴力の防止及び被害者の保護等に関する法律」（DV防止法）が制定された。以上のように、子どもを巡る昨今の社会的状況に対応するため法的基盤が整備され、以降も改正が重ねられつつ施行されている。

　そして昨今では虐待等による要保護児童の増加、一方で施設不足と個別養護の実施から家庭的養護の推進は、これからの社会的養護の大きな柱となるよう里親制度の拡充が図られている。2012（平成24）年11月に、家庭的養護の推進計画策定を軸とした「自治体が取り組むべき社会的養護の課題と方向性」が厚生労働省によって発表された。そこで、各自治体における児童養護施設等の小規模化・地域分散化を進めること、里親委託率の向上を意図した里親制度推進に向けた取り組みを行うことが方向性として示された。また、その中では、里親委託率30％という目標値が示された。さらに、2017（平成29）年8月には、同じく厚生労働省から「新しい社会的養育ビジョン」が示された。これは2016（平成28）年の改正児童福祉法で家庭養育優先の理念が規定され、実親による養育が困難であれば、特別養子縁組や里親委託を進めることや施設の専門性強化が明確にされている。就学前の子どもについては、原則として施設への新規措置入所を停止することや、里親への委託率を7年以内に75％まで引き上げることなど、社会的養護の今後の方向性が強く打ち出された。これまで定着しにくかった里親制度を拡充していくためには、子どもたちと里親に対する支援の在り方や施設養護との連携が不可欠となってこよう。

## 第3節　欧米における社会的養護のあゆみ

　明治初期のわが国では、徳川時代の児童保護策を引き継ぐ施策を実施したが、その後の児童保護制度は先行する欧米の思想や制度の影響を受けた。本節では、その中でもイギリス、アメリカの主要な歴史を概観する。イギリスはいうまでもなく世界に先駆けて産業革命を達成し、そこから生み出された

様々な矛盾に立ち向かう経過を経て、児童福祉制度を成立させ、アメリカは20世紀初頭以来、今日につながる思想や施策を生み出した国である。

## 1　イギリス

14世紀末以降、封建社会が資本主義的に再編成される過程で、国民の生活は困窮化し、失業者、浮浪者、犯罪者などが数多く生み出された。このような事態に直面した時の絶対王政は、その救済を個人的慈善に頼ることの限界から国家的対応を迫られ、1601年に貧困者の救済のための法律—いわゆるエリザベス救貧法—が制定された。しかし当時、貧困は社会問題ではなく、貧困者個人の問題として捉えられ、実際には抑圧や管理の性格が強かった。救済の対象も①労働能力のある貧民（有能貧民）、②労働能力のない貧民（無能貧民）、③子ども、といった限定的なもので、③子どもの場合でも男子が24歳、女子が21歳または結婚するまで徒弟奉公が強制された。

エリザベス救貧法を展開していた絶対王政はやがて市民革命であるピューリタン革命（1640〜1660年）、名誉革命（1688〜1689年）を経て崩壊し、議会制を敷く近代国家へと変貌する。こうした社会背景の中で、救貧政策は産業革命の影響を受けることとなる。「労役場」（workhouse）は貧民の労働力を有利に利用するという発想から生まれた。働く意欲がないとみなされた有能貧民は「労役場」に収容され、強制労働や罰を与えられた。

また、新しい工場制度の登場とともに、安価で単純労働、長時間労働が可能な子どもたちや女性が労働者として大量に吸収されていく。子どもは幼少時から工場や炭鉱で働かされ、処遇も劣悪であったため、多くの子どもが就労中に事故死したり、病気で亡くなったりすることもあった。このままでは将来の労働力確保が困難になるという児童労働の弊害が指摘され、また子どもが置かれるこのような悲惨な状況に対し、一般市民の間にも人道主義的運動が広がり、博愛事業も広がりを見せ始める。さらに、オウエン（R. Owen〔1771〜1858年〕）らによる教育思想家や実践家の運動も無視できなくなり、1802年には児童労働を規制する最初の法律「工場法」が制定された。だが、幾度かの改正を経ても規制はなかなか進まなかった。

　この時期もまだ生活の原理は自助であり、貧困は個人の責任とされた。つまりそれは貧困の公的な救済を否定する原理でもあり、そうした時代精神を反映し 1834 年に「救貧法」(新救貧法) が成立した。

　特徴としては、①在宅での救済ではなく労役場への収容を前提とする、②救済を受ける貧困者の生活水準が独立自活している最底辺の労働者よりも劣ったものでなければならないという「劣等処遇の原則」、③救貧行政の全国統一である。労役場は大人も子どもも混合収容する方針であったのが問題とされ、1850 年以降、都市近郊には 1000 人以上の子どもが暮らす「救貧法学園」が多数設立され、子どもはしだいに労役場から分離した収容となった。これら大収容施設については子どもの健康を脅かすという批判も芽生え、巨大な救貧法学園の設立は下火になった。代わって小舎制ホームが登場するのはこの時期のことである。社会事業家バーナード (T. Barnard〔1845～1905 年〕) は小舎制方式を採用し、イギリス地方自治庁がバーナードの施設その他の視察を行い、小舎制ホームは各地に拡大していった。

　一方、紡績工場主であったオウエンが、「人間にとって必要なのは教育である」とし、自分の工場内に 1816 年「性格形成学院」を設立して教育の機会をつくった。

　やがてイギリスでは、19 世紀後半から 20 世紀初頭にかけてブース (C. Booth〔1840～1916 年〕) やラウントリー (B.S. Rowntree〔1871～1954 年〕) らが貧困に関する社会調査を行い、貧困は個人が原因ではなく、社会の問題であると認識されるようになった。

　そのような中、児童福祉制度の基盤は徐々につくられていった。1872 年に「幼児生命保護法」が制定された。これは、虐待等が問題となった営利的里親を規制するためのものであった。また、一般の家庭や事業所で子どもに加えられる虐待の禁止を求める運動も活発になった。1883 年にはリバプール児童虐待防止協会が結成され、1889 年には「児童虐待防止法」や「保護法」が制定された。

　続いて 1908 年には、それまでの子どもに関する諸制度をまとめた「児童法」が成立した。さらに 1942 年の「ベヴァリッジ報告」以降、福祉国家の実現

に向けて次々と制定された法律の1つである「児童法」（1948年制定）により、イギリスでは、児童保護から児童福祉へと大きく前進していくのである。

## 2　アメリカ

　アメリカ独立宣言は1776年のことである。1787年にアメリカ合衆国憲法が制定され、1788年に発効した。農業国であったアメリカが急速に工業化、資本主義の発展期を迎え、一方では西部開拓が進み男子労働力が不足する中、児童労働の雇用はイギリス以上に盛んであった。1800年代半ばには、東部の各州で児童労働の保護法が生まれ、児童労働者に教育を保障することが規定された。

　ヨーロッパ同様に資本主義経済が確立する過程では、子どもや女性に対し過酷な労働が求められていた。児童保護についても同様で、1800年代には、イギリスと同様アメリカ東部の都市に多くの慈善事業が発生し、セツルメント運動などによる社会改良運動も取り組まれ、子どもの長時間労働を規制し、教育の機会を与える実践も見られた。ただし、そうした取り組みは連邦政府の責任のもと行われるものではなく、各州によって実施されたため、州ごとの差異が生まれていた。

　1909年、ルーズベルト（T. Roosevelt Jr.〔1858〜1919年〕）第26代大統領の招集により、第1回全米児童福祉会議（白亜館会議／ホワイトハウス会議）が開催された。ここでは、「家庭生活は、文明の所産のうち最も高い、最も美しいものである。児童に緊急なやむを得ない理由がない限り、家庭生活から引き離してはならない」という有名な声明がなされた。この家庭尊重の原則は、その後のアメリカの児童養護の方向性を明確に打ち出した。

　第2回会議は1919年に、「児童福祉の最低基準の向上、母と児童の保健、特殊の養護を必要とする児童の保護に関して」開催された。第3回会議は、1930年に「児童の保健および保護に関する会議」として開催され、「児童憲章」が採択された。

　1929年に勃発した世界恐慌はアメリカから世界中に拡がった。長期間の不況の中で多くの失業者、貧困者が出現し、要保護児童も増加した。こうし

た事態に対して、「ニューディール政策」の一環として 1935 年に「社会保障法」が成立した。ここにアメリカにおける本格的な児童福祉体制を見ることができる。この法制度の内容は社会保険制度（老齢年金、失業保険）、公的扶助および社会福祉サービスの 3 部門から構成され、子どもに関しては要扶助児童扶助、母子保護サービス、肢体不自由児へのサービス、児童福祉サービスを柱に取り組まれた。この法律によって、アメリカの児童福祉は社会保障政策の 1 つとなり、連邦レベルでの政策課題となった。児童福祉のサービスに関してソーシャルワーカーも活躍し、様々な子どもの問題への取り組みが拡充されていくこととなった。

〈演習問題〉
1　わが国の施設設立に貢献した歴史上の人物と、関係のある児童福祉施設の種類を整理してみよう。
2　「ホスピタリズム」とは何か？　その課題も考えてみよう。
3　歴史的変遷を踏まえ、これから解決していかなければいけない問題には、どのようなことがあるか考えてみよう。

〈引用・参考文献〉
飯田進・大嶋恭二・小坂和夫・豊福義彦・宮本和武（2001）『養護内容総論（改訂版）』ミネルヴァ書房
小田兼三・石井勲編著（2013）『社会的養護入門』ミネルヴァ書房
櫻井奈津子編著（2008）『子どもと社会の未来を拓く社会的養護の原理』青踏社
新保育士養成講座編纂委員会編（2011）『新保育士養成講座第 5 巻—社会的養護—』全国社会福祉協議会
伊達悦子・辰已隆編（2010）『保育士をめざす人の養護原理（4 訂）』みらい
農野寛治・合田誠編著（2008）『養護原理』ミネルヴァ書房
松本園子・堀口美智子・森和子（2013）『子どもと家庭の福祉を学ぶ』ななみ書房
山縣文治・林浩康編（2013）『よくわかる社会的養護（第 2 版）』ミネルヴァ書房
吉田明弘編著（2014）『児童福祉論—児童の平和的生存権を起点として—（改訂版）』八千代出版

# 第4章

# 現代家族問題と社会的養護

## 第1節　現代の日本社会と子ども家庭

### 1　格 差 社 会

　格差社会が世界的に問題になっているが、現代の日本社会もまた、格差社会であるといわれている。格差社会とは、収入や財産によって人間社会の構成員に階層化が生じ、階層間の遷移が困難になっている社会のことである。このことは社会的地位の変化が困難、社会移動が少なく閉鎖性が強いことを意味している。格差社会は社会問題の1つとして考えられている。

　格差の発生の原因については、経済のグローバル化や技術革新などが指摘されている。

　バブル経済崩壊以降のグローバル競争の中で多くの企業が終身雇用、年功序列制を廃止し成果主義を導入して、賃金抑制とコスト削減を図ることで、企業競争力を高めようとした。その結果、第2次産業や第3次産業を中心に、できるだけ正社員を削減して、アルバイトやパート、派遣社員、契約社員の非正規雇用を増やすことで人件費の削減が目指されるようになった。わが国の場合、非正規雇用には労働基準法が十分に適用されているとはいいがたく、生活保護以下の低賃金で長時間の労働に甘んじている、いわゆるワーキングプアが急増している。非正規雇用労働者は、1993（平成5）年から2003（平成15）年までの間に増加し、以降現在まで増加し続けている（役員を除く雇用者全体の37.5％〔2016年平均〕）。とくに14〜24歳の若者層で、1993年から2003年にかけて大きく上昇している。また、雇用形態別に見ると、近年パート、

契約社員・嘱託が増加している。非正規雇用には、雇用の不安定、賃金が安い、能力開発機会が乏しい、有配偶率の低さ、セーフティネットが不十分等の課題が指摘されている。

　賃金や所得の格差を数量化して把握する場合の代表的な尺度として「ジニ係数」がある。ジニ係数とは、所得が完全に平等となっている状態に比べ、現状の分配がどの程度偏っているかを示した指標であり、数値が1に近づくほど不平等度が高いとされる。厚生労働省による「平成26年所得再分配調査」によると、2014年の当初所得のジニ係数の値は0.5704であり、過去最大となっている。一方、税や社会保障による再分配所得のジニ係数は0.3759であり、長期的に見ると再分配所得は当初所得に比べて緩やかな増加に留まっており、所得再分配制度が機能して、所得分配によるジニ係数の改善が見られる。しかしながら、わが国の場合、再分配が小さいために、再分配後の可処分所得では不平等が見られ、また、とくに労働年齢層（現役世代）の低所得層に対して再分配が小さいことが指摘されている（太田 2006）。

## 2　子どもの貧困

　所得格差の拡大は多くの国に共通に見られるが、所得格差の拡大やワーキングプアの出現などを背景に、日本の貧困率は世界的に見ても高い水準にある。OECD によると、わが国の子どもの相対的貧困率（貧困線に満たない世帯員の割合）は加盟34か国中10番目に高く、OECD 平均を上回っている。子どもがいる現役世帯のうち大人が1人の世帯の相対的貧困率は OECD 加盟国中もっとも高い（図4-1）。また、OECD 加盟国の中で、日本とギリシャだけが、所得再分配後の子どもの貧困率が再分配前の貧困率より上回るという逆転現象が起こり、政府による所得再分配は先進諸国に比べ、大幅に劣っている（図4-2）。

　厚生労働省「平成28年国民生活基礎調査の概況」によれば、2015（平成27）年の貧困線（等価所得の中央値の半分）は122万円（名目値）となっており、相対的貧困率は15.6％となっている。また、子どもの貧困率（17歳以下）は13.9％となっている。「子どもがいる現役世帯」（世帯主が18歳以上65歳未満で

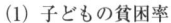

(1) 子どもの貧困率

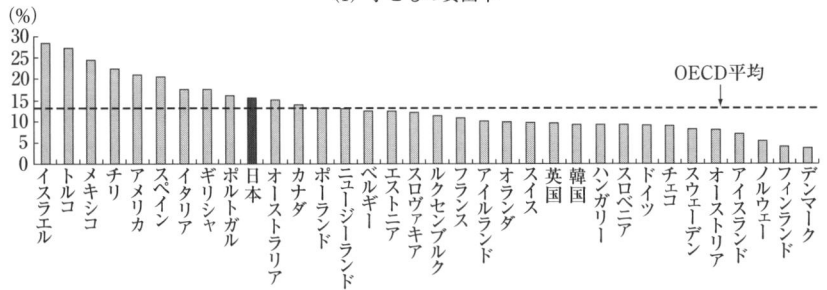

(2) 全　体

| 相対的貧困率 | | | 子どもの貧困率 | | | 子どもがいる世帯の相対的貧困率 | | | | | | | | |
|---|---|---|---|---|---|---|---|---|---|---|---|---|---|---|
| | | | | | | 合計 | | | 大人が一人 | | | 大人が二人以上 | | |
| 順位 | 国名 | 割合 | 順位 | 国名 | 割合 | 順位 | 国名 | 割合 | 順位 | 国名 | 割合 | 順位 | 国名 | 割合 |
| 1 | チェコ | 5.8 | 1 | デンマーク | 3.7 | 1 | デンマーク | 3.0 | 1 | デンマーク | 9.3 | 1 | ドイツ | 2.6 |
| 2 | デンマーク | 6.0 | 2 | フィンランド | 3.9 | 2 | フィンランド | 3.7 | 2 | フィンランド | 11.4 | 1 | デンマーク | 2.6 |
| 3 | アイスランド | 6.4 | 3 | ノルウェー | 5.1 | 3 | ノルウェー | 4.4 | 3 | ノルウェー | 14.7 | 3 | ノルウェー | 2.8 |
| 4 | ハンガリー | 6.8 | 4 | アイスランド | 7.1 | 4 | アイスランド | 6.3 | 4 | スロヴァキア | 15.9 | 4 | フィンランド | 3.0 |
| 5 | ルクセンブルク | 7.2 | 5 | オーストリア | 8.2 | 5 | オーストリア | 6.7 | 5 | 英国 | 16.9 | 5 | アイスランド | 3.4 |
| 6 | フィンランド | 7.3 | 5 | スウェーデン | 8.2 | 6 | スウェーデン | 6.9 | 6 | スウェーデン | 18.6 | 6 | スウェーデン | 4.3 |
| 7 | ノルウェー | 7.5 | 7 | チェコ | 9.0 | 7 | ドイツ | 7.1 | 7 | アイルランド | 19.5 | 7 | オーストリア | 5.4 |
| 7 | オランダ | 7.5 | 8 | ドイツ | 9.1 | 8 | チェコ | 7.6 | 8 | フランス | 25.3 | 7 | オランダ | 5.4 |
| 9 | スロヴァキア | 7.8 | 9 | スロベニア | 9.4 | 9 | オランダ | 7.9 | 8 | ポーランド | 25.3 | 9 | フランス | 5.6 |
| 10 | フランス | 7.9 | 9 | ハンガリー | 9.4 | 10 | スロベニア | 8.2 | 10 | オーストリア | 25.7 | 10 | チェコ | 6.0 |
| 11 | オーストリア | 8.1 | 9 | 韓国 | 9.4 | 11 | フランス | 8.7 | 11 | アイスランド | 27.1 | 11 | スロベニア | 6.7 |
| 12 | ドイツ | 8.8 | 12 | 英国 | 9.8 | 11 | スイス | 8.7 | 12 | ギリシャ | 27.3 | 12 | スイス | 7.2 |
| 13 | アイルランド | 9.0 | 12 | スイス | 9.8 | 13 | ハンガリー | 9.0 | 13 | ニュージーランド | 28.8 | 13 | ハンガリー | 7.5 |
| 14 | スウェーデン | 9.1 | 14 | オランダ | 9.9 | 14 | イギリス | 9.2 | 14 | ポルトガル | 30.9 | 13 | ベルギー | 7.5 |
| 15 | ノルウェー | 9.2 | 15 | アイルランド | 10.2 | 15 | アイルランド | 9.7 | 15 | メキシコ | 31.3 | 15 | ニュージーランド | 7.9 |
| 16 | スイス | 9.5 | 16 | フランス | 11.0 | 16 | ルクセンブルク | 9.9 | 15 | オランダ | 31.3 | 15 | ルクセンブルク | 7.9 |
| 17 | ベルギー | 9.7 | 17 | ルクセンブルク | 11.4 | 17 | ニュージーランド | 10.4 | 17 | スイス | 31.6 | 15 | 英国 | 7.9 |
| 18 | 英国 | 9.9 | 18 | スロヴァキア | 12.1 | 18 | ベルギー | 10.5 | 18 | エストニア | 31.9 | 18 | アイルランド | 8.3 |
| 19 | ニュージーランド | 10.3 | 19 | エストニア | 12.4 | 19 | スロヴァキア | 10.9 | 19 | ハンガリー | 32.7 | 19 | オーストラリア | 8.6 |
| 20 | ポーランド | 11.0 | 20 | ベルギー | 12.8 | 20 | エストニア | 11.4 | 20 | チェコ | 33.2 | 20 | カナダ | 9.3 |
| 21 | ポルトガル | 11.4 | 21 | ニュージーランド | 13.3 | 21 | カナダ | 11.9 | 21 | スロベニア | 33.4 | 21 | エストニア | 9.7 |
| 22 | エストニア | 11.7 | 22 | ポーランド | 13.6 | 22 | ポーランド | 12.1 | 22 | ドイツ | 34.0 | 22 | スロヴァキア | 10.7 |
| 23 | カナダ | 11.9 | 23 | カナダ | 14.0 | 23 | オーストラリア | 12.5 | 23 | ベルギー | 34.3 | 23 | ポーランド | 11.9 |
| 24 | イタリア | 13.0 | 24 | オーストラリア | 15.1 | 24 | ポルトガル | 14.2 | 24 | イタリア | 35.2 | 24 | 日本 | 12.7 |
| 25 | ギリシャ | 14.3 | 25 | 日本 | 15.7 | 25 | 日本 | 14.6 | 25 | トルコ | 38.2 | 25 | ポルトガル | 13.1 |
| 26 | オーストラリア | 14.5 | 26 | ポルトガル | 16.2 | 26 | ギリシャ | 15.8 | 26 | スペイン | 38.8 | 26 | アメリカ | 15.2 |
| 27 | 韓国 | 14.9 | 27 | ギリシャ | 17.7 | 27 | イタリア | 16.6 | 27 | カナダ | 39.8 | 26 | ギリシャ | 15.2 |
| 28 | スペイン | 15.4 | 28 | イタリア | 17.8 | 28 | アメリカ | 18.6 | 28 | ルクセンブルク | 44.2 | 28 | イタリア | 15.4 |
| 29 | 日本 | 16.0 | 29 | スペイン | 20.5 | 29 | スペイン | 18.9 | 29 | オーストラリア | 44.9 | 29 | チリ | 17.9 |
| 30 | アメリカ | 17.4 | 30 | アメリカ | 21.2 | 30 | チリ | 20.5 | 30 | アメリカ | 45.0 | 30 | スペイン | 18.2 |
| 31 | チリ | 18.0 | 31 | チリ | 23.9 | 31 | メキシコ | 21.5 | 31 | メキシコ | 47.7 | 31 | メキシコ | 21.0 |
| 32 | トルコ | 19.3 | 32 | メキシコ | 24.5 | 32 | トルコ | 22.9 | 32 | チリ | 49.0 | 32 | トルコ | 22.6 |
| 33 | メキシコ | 20.4 | 33 | トルコ | 27.5 | 33 | イスラエル | 24.3 | 33 | 日本 | 50.8 | 33 | イスラエル | 23.3 |
| 34 | イスラエル | 20.9 | 34 | イスラエル | 28.5 | - | 韓国 | - | - | 韓国 | - | - | 韓国 | - |
| OECD 平均 | | 11.3 | OECD 平均 | | 13.3 | OECD 平均 | | 11.6 | OECD 平均 | | 31.0 | OECD 平均 | | 9.9 |

図4-1　相対的貧困率の国際比較（2010年）

(注) ハンガリー、アイルランド、日本、ニュージーランド、スイス、トルコの数値は2009年、チ
リの数値は2011年。

(出典) OECD（2014）Family database "Child poverty"

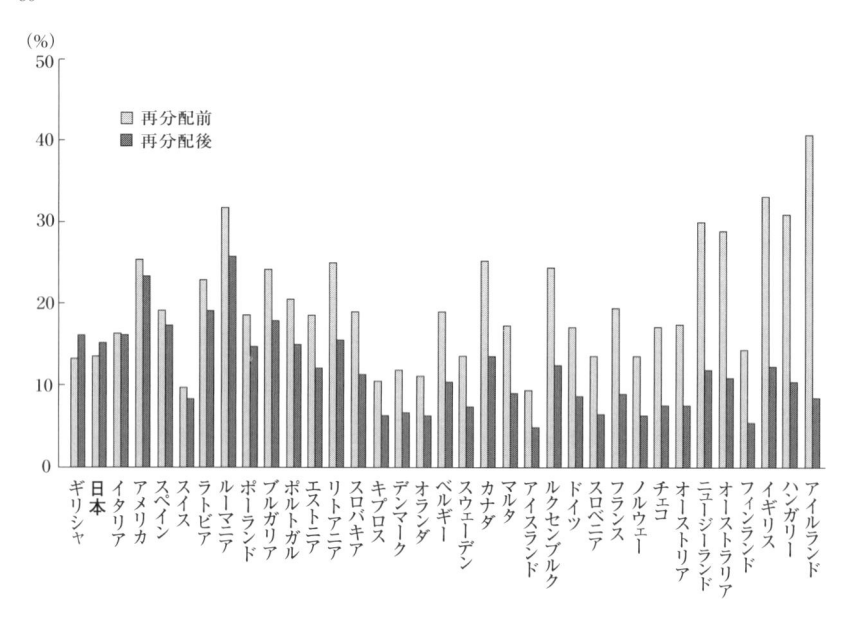

図4-2　ユニセフ推計による再分配前後の子どもの貧困率

（出典）阿部彩『子どもの貧困Ⅱ─解決策を考える─』岩波書店、2014年、155ページ

子どもがいる世帯）の世帯員について見ると、12.9％となっており、そのうち「大人が一人」の世帯員では50.8％、「大人が二人以上」の世帯員では10.7％となっており、ひとり親家庭の貧困率が際立って高くなっている（表4-1、図4-3）。

　生活意識別に世帯数の構成割合を見ると、「苦しい」（「大変苦しい」と「やや苦しい」）が56.5％、「普通」が38.4％となっており、年次推移を見ると、「苦しい」と答えた世帯の割合は2年連続で低下している。「苦しい」と答えた世帯の割合は「母子世帯」が82.7％、「児童のいる家庭」が61.9％であった。

　生活に困窮する国民に対する公的扶助制度である生活保護の受給者数は、2008（平成20）年のリーマンショックや2011（平成23）年の東日本大震災による生活基盤の不安定化、貧困層の拡大、貧富の二極分化、民衆の階層化、リストラ、雇用の非正規化、失業、高齢化社会などを背景として増加し、2012年7月には212万4669人と過去最多の受給者数を記録したが、2015（平

表 4 - 1　貧困率の年次推移

| | 昭和 60 年 | 63 | 平成 3 年 | 6 | 9 | 12 | 15 | 18 | 21 | 24 | 27 |
|---|---|---|---|---|---|---|---|---|---|---|---|
| （単位：%）　相対的貧困率 | 12.0 | 13.2 | 13.5 | 13.8 | 14.6 | 15.3 | 14.9 | 15.7 | 16.0 | 16.1 | 15.6 |
| 子どもの貧困率 | 10.9 | 12.9 | 12.8 | 12.2 | 13.4 | 14.4 | 13.7 | 14.2 | 15.7 | 16.3 | 13.9 |
| 子どもがいる現役世帯 | 10.3 | 11.9 | 11.6 | 11.3 | 12.2 | 13.0 | 12.5 | 12.2 | 14.6 | 15.1 | 12.9 |
| 　大人が一人 | 54.5 | 51.4 | 50.1 | 53.5 | 63.1 | 58.2 | 58.7 | 54.3 | 50.8 | 54.6 | 50.8 |
| 　大人が二人以上 | 9.6 | 11.1 | 10.7 | 10.2 | 10.8 | 11.5 | 10.5 | 10.2 | 12.7 | 12.4 | 10.7 |
| （単位：万円）　中央値　(a) | 216 | 227 | 270 | 289 | 297 | 274 | 260 | 254 | 250 | 244 | 245 |
| 貧困線　(a/2) | 108 | 114 | 135 | 144 | 149 | 137 | 130 | 127 | 125 | 122 | 122 |

（注）　1.　平成 6 年の数値は、兵庫県を除いたものである。
　　　　2.　平成 27 年の数値は、熊本県を除いたものである。
　　　　3.　貧困率は、OECD の作成基準に基づいて算出している。
　　　　4.　大人とは 18 歳以上の者、子どもとは 17 歳以下の者をいい、現役世帯とは世帯主が 18 歳
　　　　　　以上 65 歳未満の世帯をいう。
　　　　5.　等価可処分所得金額不詳の世帯員は除く。
（出典）厚生労働省「平成 28 年国民生活基礎調査の概況」

成 27）年 3 月をピークに減少し、2017（平成 29）年 2 月（速報値）の受給者数は 214 万 1881 人となっている。一方、学用品費や給食費の支払いが困難な場合に補助を受けられる「就学援助制度」は平成 27 年度で、15.2％の小中学生が利用しており、小中学生のおよそ 6.5 人に 1 人が就学援助を受けている状況である。就学援助の対象者は生活保護法第 6 条第 2 項で規定されている要保護者、市区町村教育委員会が要保護者に準ずる程度に困窮していると認める準要保護者、つまり生活保護の家庭か、それに準ずる程度に困っている家庭の子どもたちである。

　貧困家庭に育つ子どもは、学力、健康、家庭環境、非行、虐待など様々な側面で、貧困でない家庭で育つ子どもに比べて不利な立場で育つ。親の学歴や職業によって子どもの学力に格差が生じており、それが拡大してきている。

　子どもの貧困は、貧困の中で育つ子どもに様々な影響を与えるばかりではなく、その不利は次の世代にも受け継がれていく（＝貧困の世代間連鎖）。大阪府堺市では、生活保護を受給している 390 世帯を調べた結果、うち 25％が親の世代においても生活保護を受給していたという。母子世帯ではこの割合

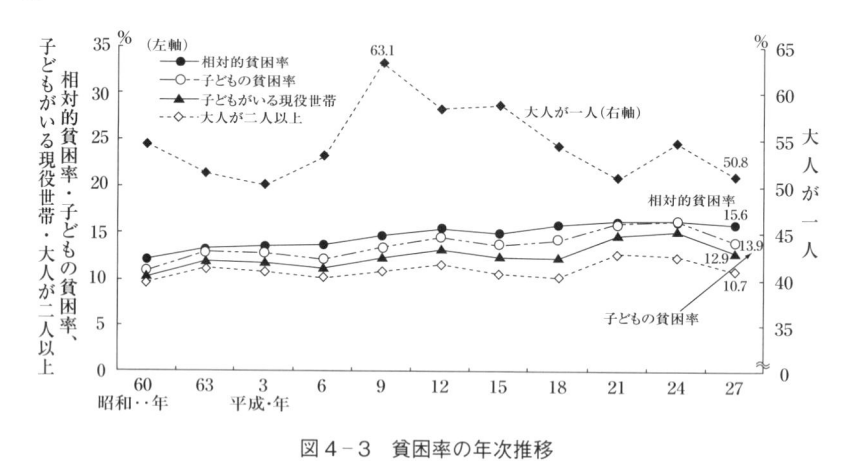

図4-3　貧困率の年次推移

(注) 1. 平成6年の数値は、兵庫県を除いたものである。
　　　2. 平成27年の数値は、熊本県を除いたものである。
　　　3. 貧困率は、OECDの作成基準に基づいて算出している。
　　　4. 大人とは18歳以上の者、子どもとは17歳以下の者をいい、現役世帯とは世帯
　　　　　主が18歳以上65歳未満の世帯をいう。
　　　5. 等価可処分所得金額不詳の世帯員は除く。
(出典) 前掲

は41％であった（『子どもの貧困白書』）。

　世界的にも高い子どもの貧困率を受けて、国もその対策を迫られ、「子ど
もの将来がその生まれ育った環境によって左右されることのないよう、貧困
の状況にある子どもが健やかに育成される環境を整備するとともに、教育の
機会均等を図るため、子どもの貧困対策を総合的に推進することを目的」と
して、2013（平成25）年6月19日「子どもの貧困対策の推進に関する法律」
（子どもの貧困対策法）が成立した。本法に基づき、2014（平成26）年8月29日
「子供の貧困対策に関する大綱について」が閣議決定されたが、数値目標は
示されておらず、新規の取り組みも乏しく、実効性に不安の声も上がってい
る。

　子どもの貧困問題の研究者である阿部彩は、格差と貧困は異なり、「『貧困』
は格差が存在する中でも、社会の中のどのような人も、それ以下であるべき
でない生活水準、そのことを社会として許すべきではない、という基準であ
る」として、子どもの基本的な成長に関わる医療、基本的衣食住、少なくと

も義務教育、そしてほぼ普遍的になった高校教育（生活）のアクセスをすべての子どもが享受するべきであり、「これは『機会の平等』といった比較の理念ではなく、『子どもの権利の理念』に基づくものである」と述べている（阿部 2008）。

　格差について、経済効率を優先させるために格差の拡大を是認する考えも存在するが、貧富の格差が大きいことが社会の不安を増大させ、社会を不安定にする。何よりも一方で大きな経済力や購買力を有して贅沢な暮らしを営む人々がいて、一方で日々の生活に不安や困難を抱え、「健康で文化的な最低限度の生活」すら送ることができない人々がいるような極端な不平等が存在し、そういったことに何ら痛みを感じない社会がはたして人間的といえるのかどうか、大いに疑問を感じずにはいられない。極端な格差、とりわけ貧困家庭への経済的な支援はあらゆる手段を講じて図られなければならない問題であると考える。

## 第 2 節　現代家族の特徴と児童養護問題

### 1　現代家族の特徴

　わが国では、戦後一貫して第 1 次、2 次産業で働く人が減り続け、サービス業を中心とする第 3 次産業で働く人が増え続けている。このような産業構造の変化とともに多くの若者は都市部へ移り住み、雇用者となり、核家族を形成した。都市では人口が過密化する一方で、地方での過疎化が問題となった。さらに都市では、住宅問題や公害、騒音、交通機関の発達によって便利になる一方で、排気ガス、交通事故、交通渋滞といった環境問題が起きてきた。

　地域は、生産の場であり、家庭生活の営まれる場であり、また近隣との交流や余暇活動が展開される場でもある。経済の急速な成長と産業構造の変化とともに、地域も大きく変貌してきた。地域社会に起こったもっとも大きな変化は、交通機関の発達による生活圏の拡大と旧来の地域共同体の崩壊であり、地域社会における連帯意識の減退である。

　職住が分離し、地域との結びつきが浅い傾向にある雇用者家族が増加し、第1次産業従事者や自営業者が減少すれば、総じて地域のつながりは希薄化してくる。地域のつながりが希薄化することによって、親たちが子育てにおいてお互いに助け合ったり、子育てに関する悩みを話し合ったり、他の家の子どもにも自分の家の子どもと分け隔てなく声をかけたりして、共同して子育てをするといったことがなくなった。地域共同体の崩壊によって、個人と家庭が生活の場における単位の中心となり、人々をその拘束から解き放ち、他人にわずらわされない気楽な生活を可能にしたが、その反面、孤立感や不安感を生み、個人や家族では処理しきれない問題に遭遇した場合にも、社会的支援を求めにくく、支援の手も行き届きにくくなってきている。

　近年における家族の変化は世帯構造の変化、共働き世帯の増加、離婚の増加、家庭の機能の変化に顕著に現れている（第1章1節を参照）。

　一般に生産機能を持たない雇用者家族は、消費単位が「小さければ小さいだけ賃金は小額ですむ」ために労働力供給の世代的再生産が維持できる最下限にまで縮小させられる傾向がある。世帯規模の縮小により、かつて家族が持っていた機能のいくつかを外部に求めなければならなくなった。その代表的なものは生産と教育（の一部）の機能である。乳幼児や病人、障害者や高齢者といった自力で生活することが困難な者の保護機能もまた、かつての家族が持っていた機能の1つであるが、今日では外部化の方向にある。かつての伝統的家族が持っていた嫁姑の間の葛藤もなく、第1次産業におけるような厳しい肉体労働に従事することもなく、手狭ながらもこぎれいな家に住み、現代の家族は随分と明るく、軽くなったように思える。しかしながら、その一見しての明るさと軽さにかかわらず、核家族は本来的に脆く、不安定である。なぜならば、一般に核家族の場合、かつての大家族が何人かの手で共同化していた仕事を単一の人間が担うことが多くなる。そこでもし、この人間が何らかの理由のためにその役割を果たせなくなったとき、家族はその機能を失い、容易に崩壊の危機に瀕することになるからである。

## 2　現代家族における児童養護問題

　以上のような核家族が本来的に持つ脆さ、不安定さは将来の安定への願望を強め、意識的にせよ、無意識的にせよ、将来を担うわが子への過度の干渉や期待となってあらわれる。これが今日教育過熱や教育観のゆがみを招いている原因の 1 つであり、比較的時間のゆとりの持てる専業主婦の母親の、わが子への癒着や過度の干渉や期待が、その熱心さとは裏腹に、子どもの自立性や社会性を損ね、様々な発達上の問題を生み出している。また、行き過ぎた性別役割分業の結果は家庭における父親不在を招来し、これまた、子どもの自立性や社会性を損ねるとともに、夫婦の間の心理的な隔たりを生み出して離婚の遠因ともなっている。高度経済成長期以後主婦の労働力化が進んだが、とりわけ 1986（昭和 61）年の男女雇用機会均等法の施行以後、女子労働力の「能力主義」による再編が進んだ結果、女子労働力の二極分化が進んだ。主婦の労働力化の結果として、公的保育へのニーズが高まってきたが、保育制度の不備や女性の出産、育児そのものをハンディと見なす労働市場での不利によって子どもの人数は極端にまで制限されるか、出産・育児を選ばないケースも増加している。出産・育児を選択した場合でも、社会や家庭における性別役割分業にはほとんど変革が見られないままに、「男は仕事、女は仕事も家事・育児も」といった新たな性別役割分業が進行し、多くの女性は仕事と家庭責任との間の重過ぎる二重負担や矛盾に苦しんでいる。

　しかしながら、専業主婦やエリート女性たちはたとえ欲求不満があり、また、心身ともに過剰なストレスがあるにしても、経済面では一応安定している。再就職どころか、パートなどの低賃金労働によって夫の所得を補わなければならない、より下層の家庭が数多く存在する。これらの家庭では、子どもたちは放任されざるを得ない。キャリア・ウーマン、エリート層の共働きが、自己実現やより高い生活のために子どもを放任せざるを得ないとすれば、この層の場合、生活そのものを維持するために子どもを放置して働かざるを得ない。しかし、両者の生活は違うにしても、こうした子どもたちの面倒を見る祖父母が欠けている点では同じである。共働きの核家族の圧倒的多数は保育所に依存しているが、保育所は保護者の就労の多様化にともなう保育ニ

ーズの多様化に応えきれず、都市部および3歳未満児において待機児童問題が深刻化している。

　小学生になると、放課後の健全育成に対する支援が必要とされ、1997年の児童福祉法改正により「放課後児童健全育成事業」が新たに法律上に位置づけられた。共働き家庭やひとり親家庭で利用を希望する保護者が増加し、それにともなって、施設数、入所児童数ともに増加してきてはいるが、国や自治体の制度・施策に問題や課題があり、条件整備が遅れているため、学童保育を利用したくても利用できない多くの待機児童が発生している。

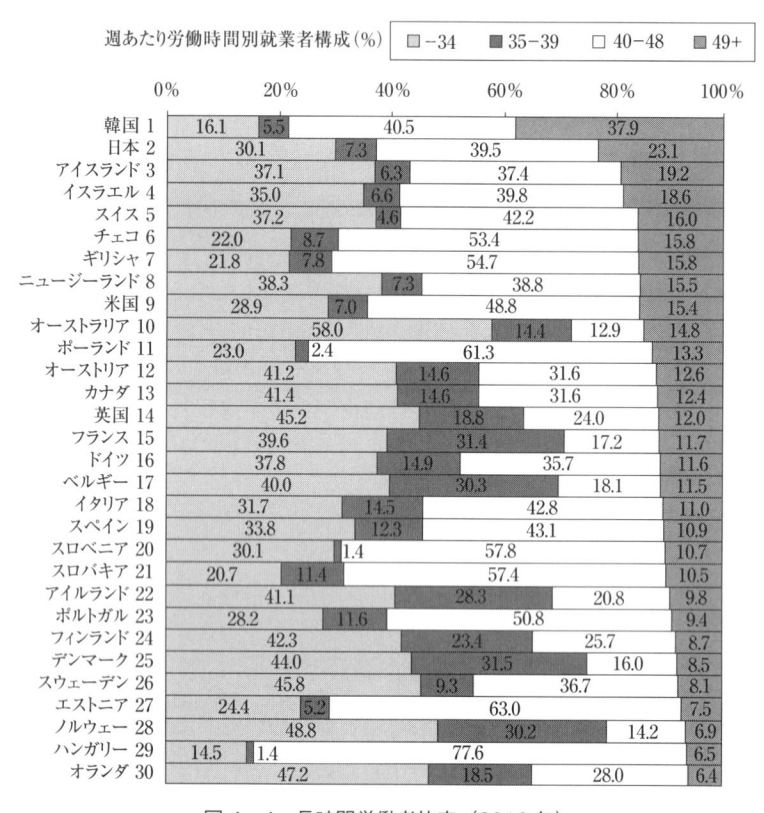

図4-4　長時間労働者比率（2010年）

　(注)　週49時間の割合の多い順。自営業を含む。対象国はOECD高所得国31か国（世銀定義）。ただしルクセンブルクデータなし。オーストラリアのデータは2009年。
　(出典)　ILOSTAT 2013年5月28日

一方で、長時間労働や遅い帰宅時間など働く親の労働環境の問題がある。

　パート労働者の増加などの影響があり、日本人の労働時間は長期的傾向として減少している。しかし、欧米諸国と比較すると、年平均労働時間が長く、時間外労働（40時間／週以上）者の構成割合が高く、とくに49時間／週以上働いている男性労働者の割合が韓国に次いで高くなっている（図4-4）。正社員など一般労働者の労働時間は、2015年でも2026時間と依然2000時間を超えている。パート労働者の労働時間は若干減少傾向にある（図4-5）。正社員の長時間労働と、パートなどの短時間労働と、労働時間は二極化の傾向にある。また、週労働時間が60時間以上の就業者の割合は子育て期の30代男性において16.0％（2015年）と他の年代に比べ、もっとも高い水準になっている。週60時間は、月の残業が80時間となり、過労死の危険があるといわ

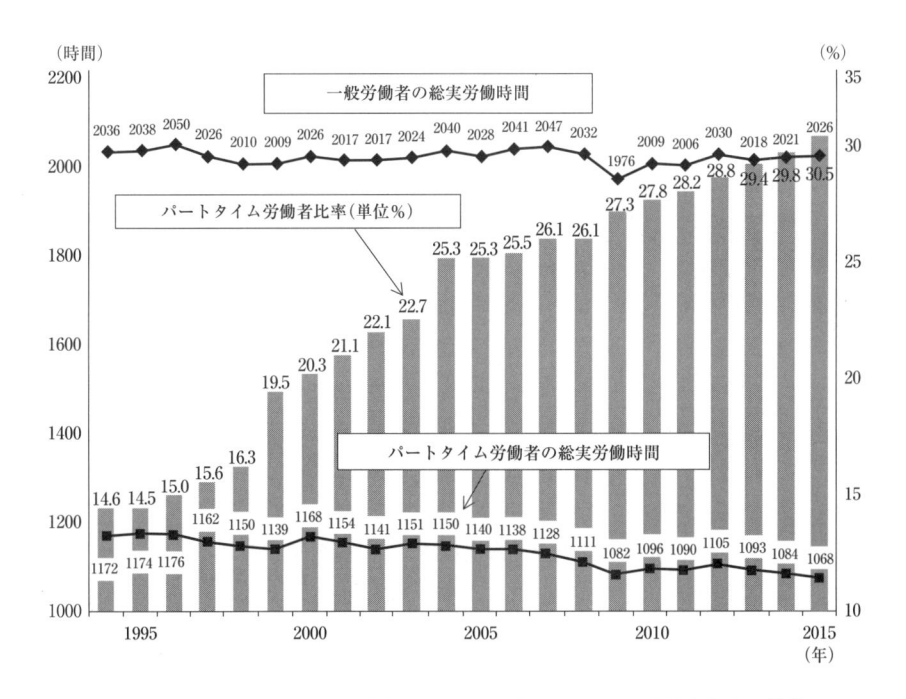

図4-5　就業形態別年間総実労働時間およびパートタイム労働者比率の推移

（注）事業所規模5人以上。
（出典）厚生労働省「毎月勤労統計調査」

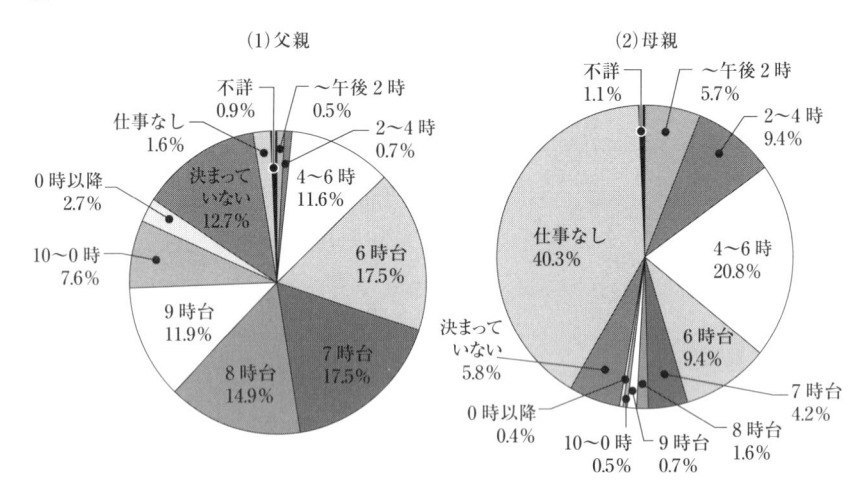

(1)父親　　　　　　　　(2)母親

図4-6　父母の帰宅時間（平成21年）

（出典）厚生労働省「全国家庭児童調査」

　れるラインである。成果を重視する裁量労働制の拡大や「残業代ゼロ」導入など、働き手の長時間労働を助長しかねないような労働時間の規制緩和を進めようとする動きも出てきている。

　父母の帰宅時間について見てみると、母親のうち仕事を持っている者の多くは夕刻までに帰宅しているが、3割以上の父親は夜8時以降に帰宅しており、夜10時以降の者も1割程度存在する（図4-6）。

　親の置かれたこのような厳しい労働環境のもとで、家庭での平日の親子の接触時間の減少、家族そろって夕食をとる時間の減少、子どもの悩みをあまりよく知らない父親の存在など、子どもを取り巻く家庭環境が大きく変化してきている。子どもを巡る様々な問題の背景に規制緩和と競争至上主義を謳う新自由主義経済システムによる、社会の基礎単位である家庭への打撃、貧困や長時間労働などによる子どもの孤立、親の孤立が見てとれる。

　2013年2月に調査された「神奈川県における放課後の子どもの居場所づくりに向けた実態調査研究調査報告書」によれば、平日の放課後「一人で過ごす」と答えた子どもは、小学校低学年で15%、高学年で22%にのぼった。

こういった状況に対して、養育の放棄と呼ぶのは適切ではないかもしれない
が、こうした状況と養育の放棄は紙一重である。

　そして、経済的にはこれらの家族よりもさらに恵まれない家族も存在する。
それは高齢者世帯や母子世帯である。高齢者の単独世帯のうち 7 割が女性で
あり、高齢社会は高齢女性のひとり暮らし社会でもある。また、母子世帯も
全世帯の 1.4％にのぼるが、雇用における女性差別が母子世帯や女性の老後
の貧しさの根源となっている。この母子世帯と高齢者世帯に傷病者や障害者
の世帯を加えると、それらの世帯が被保護世帯に占める割合は約 8 割となっ
ている。父子世帯は旧来は母子世帯に比較すると経済的な困難よりは家事労
働を含めて子育ての問題が顕著であるといわれてきたが、近年では父の就業
状態の不安定さを受け、経済的に困窮する父子世帯が増加してきている。生
活保護を受給する世帯は母子世帯で 11.2％、父子世帯で 9.3％にのぼっている。
これらの家族は格差社会の中で取り残された家族であり、そのほかの家族よ
りもなおいっそう手厚い社会的な援助の手を必要としている。

## 第 3 節　ひとり親家庭の現状と課題

### 1　ひとり親家庭の現状

　2015（平成 27）年国勢調査によれば母子世帯数は 75 万 4724 世帯、父子世
帯は 8 万 4003 世帯となっている。厚生労働省「平成 28 年度全国ひとり親世
帯等調査結果報告」からひとり親家庭の現状について見てみると、母子また
は父子以外の同居者がいる世帯を含めた全体の母子世帯、父子世帯の数はそ
れぞれ 123 万 2000 世帯、18 万 7000 世帯（推計値）であった。

　ひとり親になった理由は母子家庭が離婚 79.5％、死別 8.0％、未婚 8.7％、
父子家庭が離婚 75.6％、死別 19.0％、未婚 0.5％であり、母子家庭、父子家
庭ともに離婚が多くを占めている。割合としては多くはないが、未婚による
母子世帯、父子世帯の数はいずれも急増しており、その背景として、嫡出で
ない子の増加傾向があることなどが挙げられる。

　就業状況は母子家庭で 81.8％が就業しているが、うち正規の職員・従業員

は 44.2％、自営業 3.4％、パート・アルバイト 43.8％であり、半数近くがパート・アルバイトの不安定就業となっており、母子世帯の平均年間収入は 348 万円となっている。これは児童のいる全世帯の平均所得 707.8 万円の 49.2％に留まる。母親自身の平均年間収入は 243 万円、平均年間就労収入は 200 万円、また、預貯金額は「50 万円未満」がもっとも多く、39.7％であった。母子世帯における非正規雇用者の割合は年々増加しており、パート、アルバイトを追加するなど、ダブルワーク、トリプルワークで働かざるを得ない状況も広がってきている。

　父子家庭では 85.4％が就業しており、うち、正規の職員・従業員は 68.2％、自営業 18.2％、パート・アルバイト 6.4％であり、父子家庭には正規の職員・従業員として働く者の割合は多いが、パート・アルバイトの不安定就労で働く父親も存在する。父子世帯の平均年間収入は 573 万円となっており、児童のいる全世帯の平均所得と比べると 81.0％となる。父自身の平均年間収入は 420 万円、平均年間就労収入は 398 万円であった。

　子どもについての悩みの内容について、母子世帯、父子世帯ともに「教育・進学」がもっとも多く（それぞれ 58.7％、46.3％）、ついで「しつけ」となっている（13.1％、13.6％）。

　2014 年度学校基本調査による全国の大学・短大進学率は 53.7％であるが、ひとり親家庭の子どもの大学・短大進学率は 23.9％となっており、ひとり親家庭の子どもの大学・短大への進学率は低い状況にある。貧困の世代間連鎖を乗り越えるためにも教育、進学は重要な課題であるが、希望が実現できない厳しい経済状況に置かれている。

　ひとり親家庭の困っていることとして、母子世帯の場合、「家計」が 50.4％、「仕事」が 13.6％、「自分の健康」が 13.0％となっている。父子世帯の場合には「家計」が 38.2％、「家事」が 16.1％、「仕事」が 15.4％となっている。ちなみに、前回の 2011（平成 23）年調査では母子世帯については「家計」45.8％、「仕事」19.1％、「住居」13.4％であり、父子家庭では「家計」36.5％、「仕事」17.4％、「家事」12.1％の順であった。「男性なら女性より経済力がある」とする旧来の観念は、雇用者全体の 4 割近くを非正規雇用が占めるようになっ

ている現在、現実にそぐわなくなってきている。

## 2　ひとり親家庭への支援

　厚生労働省社会保障審議会児童部会は 2013 年 8 月に公表した「ひとり親家庭への支援施策の在り方について（中間まとめ）」の中で、ひとり親家庭の現状について「子育てと生計の担い手という二重の役割を一人で担うといった不利を抱えているために、仕事と子育ての両立の難しさ、非正規雇用の増加、男女の賃金格差などの雇用の分野をはじめとした我が国の社会が抱える課題の影響を顕著に受け、このような厳しい状況に立たされているといえる」と述べ、ひとり親家庭への就業支援や就業のために不可欠な子育て・生活支援の双方についていっそうの充実、養育費確保のための支援や、児童扶養手当等の経済的な支援が必要であるとしている。他方で、「ひとり親家庭では、生活環境や経済的環境を背景として、DV や児童虐待の問題、子どもと親双方の健康の問題、家庭内でのしつけや教育の問題、子どもの進学や学習意欲の問題、学校でのいじめや不登校の問題などを抱えることが多く、こういった児童福祉や教育の分野における支援も必要である。また、離婚の手続から養育費確保や面会交流など法務分野の専門性を要する支援も必要である」としている。

　近年では父子福祉資金制度の創設や父子世帯も児童扶養手当の対象に加えられるなど、父子世帯に対する支援を拡充することが求められ、「母子及び寡婦福祉法」も 2014 年 10 月 1 日から「母子及び父子並びに寡婦福祉法」と改められた。しかしながら、ひとり親家庭の社会的支援は決して十分なものではなく、依然として厳しい状況にあることに変わりはない。中でも母子世帯では、出身世帯で生活保護歴のある割合が 3 割以上となり、とくに母子世帯において貧困の連鎖が強いうえ、母子世帯生活保護受給率は他の世帯と比較して約 4.5 倍の高さである（2012 年比）。このような貧困の連鎖を防ぐため、ひとり親家庭に対する多角的支援が求められる。

## 第4節　児童虐待の増加とその背景

### 1　児童虐待の増加

　今日、テレビや新聞などで児童虐待によって子どもが死亡したり、死には至らないまでも、大人から子どもへの激しい暴力や暴言、放任や無関心などによって身体的にも心理的にも深い傷を負わせてしまうような痛ましい事例が報道されることが多くなった。

　全国の児童相談所が2016年度に対応した児童虐待の件数（速報値）は12万2578件で、前年度より1万9292件（18.7％）増えた。統計をとり始めた1990（平成2）年度から、26年連続で過去最多を更新した。5年前の2倍、10年前と比べれば約3倍に増えている。

　件数増加については、虐待そのものが増えたことに加え、児童虐待が社会問題として認知され、子どもに関わる専門職や市民の間に通告の義務が行き渡ってきたこと、児童相談所が虐待事例として介入するようになってきたことが挙げられる。

### 2　児童虐待の背景

　児童虐待の背景には、高度経済成長期以後、地域社会の崩壊による地域の子育て機能の低下、都市化、核家族化、長時間労働などが進むとともに性別役割分業が確立し、子育ては母親の責任と考えられ、母親のみに育児の負担がかかることが多くなってきたことがある。その中で、育児困難を訴える母親が増加し、虐待を生み出しやすい環境になってきた。「密室の育児」は母親にも子どもにも大きなストレスとなり、児童虐待はあらゆる階層に起こり得ることとされている。

　児童虐待には様々な要因が考えられるが、厚生労働省「子ども虐待対応の手引き」では①保護者側のリスク要因、②子ども側のリスク要因、③養育環境のリスク要因の3つに分類している。③の養育環境のリスク要因としては複雑で不安定な家庭環境や家族関係、夫婦関係、社会的孤立や経済的な不安

などが挙げられる。リスク要因の中でもとくに指摘されるのは、貧困と社会的孤立である。経済的な貧困は家庭の基盤が不安定なため、親の失業や病気により、家庭不和を引き起こし、瞬く間に家庭崩壊に陥ってしまう。子どもに十分な教育を受けさせることができないため、子どもは将来的に安定した職業に就くことができず、十分な収入も得られず、貧困の世代間連鎖につながっていく。

　東京都福祉保健局「児童虐待の実態Ⅱ」によれば、虐待が行われた「家庭の状況」としては、「ひとり親家庭」(31.8%)、「経済的困難」(30.8%)「孤立」(23.6%) などとなっている。しかし、「経済的困難」は「あわせて見られる他の状況」の中ではすべて第1位に挙がっており、経済的困難が児童虐待に深く関わっていることがわかる (表4-2)。

　児童相談所の児童福祉司である川松亮は都内A児童相談所が2003年度に受理した虐待相談の家族分析を行った結果、虐待の程度が重くなると経済的困難との相関関係がより強くなると指摘している (川松 2009)。

　さらに虐待のリスク要因として、社会的孤立が挙げられる。親自身が人づきあいがなく、近隣や親族から絶縁してしまっている、友だちがいない、行政サービスがあることを知らない、余裕がなくて人に援助を求められないなど、社会的に孤立しているためにどこからも援助を受けることができず、問題を家族内に溜め込んで破綻につながっている例が少なくない。先の東京都福祉保健局の調査でも「孤立」は「ひとり親家庭」「経済的困難」についで、第3位に挙がっている。そして、経済的困難と社会的孤立には相関関係があ

表4-2　虐待が行われた家庭の状況

| 家庭の状況 | | | あわせて見られる他の状況上位3つ | | |
|---|---|---|---|---|---|
| 状況 | 件数 | 割合 (%) | ① | ② | ③ |
| ひとり親家庭 | 460 | 31.8 | 経済的困難 | 孤立 | 就労の不安定 |
| 経済的困難 | 446 | 30.8 | ひとり親家庭 | 孤立 | 就労の不安定 |
| 孤立 | 341 | 23.6 | 経済的困難 | ひとり親家庭 | 就労の不安定 |
| 夫婦間不和 | 295 | 20.4 | 経済的困難 | 孤立 | 育児疲れ |
| 育児疲れ | 261 | 18.0 | 経済的困難 | ひとり親家庭 | 孤立 |

(出典) 東京都福祉保健局『児童虐待の実態Ⅱ』2005 年

るという主張もなされている（松本 2002）。これらの結果を見ると、児童虐待には、ひとり親家庭、経済的困難、孤立、就労の不安定が密接にからみ合い、重層化していることがわかる。2013 年の「児童養護施設入所児童等調査結果」によれば、一般的に「虐待」とされる「放任・怠惰」「虐待・酷使」「棄児」「養育拒否」を合計すると、里親委託児で全体の 37.3％、養護施設児 38％、乳児院 27.1％等となっており、5 年前の前回調査に比し、乳児院を除くすべての施設において虐待を理由とした委託および入所が増加している。こうした虐待のリスクを少しでも減らし、子どもたちが家庭や地域で安心して暮らせるよう、ひとり親世帯をはじめとして、子育て家庭に対する経済的な保障や、地域の生活援助サービスなど家族を巻き込む貧困状況を解消するため、様々な対策を講じていく必要がある。

〈演習問題〉
1 「ワークライフバランス」を実現していくために国、企業、家族それぞれの役割について考えてみよう。
2 わが国の社会保障費から子育て支援施策を見た場合どのような特徴が見えてくるか、まとめてみよう。
3 格差が広がっていくと社会にどのような影響が出るか考えてみよう。

〈引用・参考文献〉
阿部彩（2008）『子どもの貧困―日本の不公平を考える―』岩波書店
阿部彩（2014）『子どもの貧困Ⅱ―解決策を考える―』岩波書店
太田清（2006）『日本の所得再分配―国際比較でみたその特徴―』ESRI Discussion Paper Series No.171
川松亮（2009）「児童相談所からみる子ども虐待と貧困―虐待ハイリスク要因としての家庭の経済的困難―」子どもの貧困白書編集委員会編『子どもの貧困白書』明石書店
橘木俊詔（2006）『格差社会―何が問題なのか―』岩波書店
松本伊智朗（2002）「児童養護問題と社会的養護の課題」庄司洋子・松原康雄・山縣文治『家族・児童福祉（改訂版）』有斐閣

# 第5章

## 各施設種別における社会的養護内容

### 第1節　養育環境上の問題に対応する児童の施設養護

#### 1　乳　児　院

　乳児院は、児童福祉法第37条において「乳児（保健上、安定した生活環境の確保その他の理由により特に必要のある場合には、幼児を含む。）を入院させて、これを養育し、あわせて退院した者について相談その他の援助を行うことを目的とする施設」と規定されている。

　乳児院の設置状況は、全国で136か所（2016〔平成28〕年10月1日現在・厚生労働省家庭福祉課調べ）である。児童相談所の一時保護所は、乳児への対応ができる環境にない場合が多いため、乳児院では、一時保護委託を受けている現状がある。また、地域の育児相談やショートステイ等の子育て機能も担っている。

　乳児院で過ごす時期は、子どもの成長発達にとって重要であり、健康と安全に配慮された環境で生活し、十分な栄養摂取・睡眠が必要である。また、愛着と信頼関係を築く重要な時期であるため、職員は個別的できめ細やかな関わりと規則正しい生活を意識してケアすることが大切である。

　乳児院への入所理由（表5-1）は、「父または母の精神疾患等」22.2％（前回19.1％）、「父または母の虐待・酷使」8.5％（前回9.2％）、「父または母の放任・怠だ」（ネグレクト）11.1％（前回8.8％）、「破産等の経済的理由」4.6％（前回5.7％）、「父または母の拘禁」4.4％（前回5.3％）なのであるが、近年母親の精神疾患や虐待による入所が増加傾向にある。そして、入所の理由は単純ではなく、

表 5-1 養護問題発生理由別児童数

| | 乳児院 | | 児童養護施設 | | 情緒障害児短期治療施設 | | 児童自立支援施設 | |
|---|---|---|---|---|---|---|---|---|
| | 児童数(人) | 構成割合(%) | 児童数(人) | 構成割合(%) | 児童数(人) | 構成割合(%) | 児童数(人) | 構成割合(%) |
| 総数 | 3,147 | 100.0 | 29,979 | 100.0 | 1,235 | 100.0 | 1,670 | 100.0 |
| 父の死亡 | 2 | 0.1 | 142 | 0.5 | 6 | 0.5 | 14 | 0.8 |
| 母の死亡 | 24 | 0.8 | 521 | 1.7 | 13 | 1.1 | 17 | 1.0 |
| 父の行方不明 | 4 | 0.1 | 141 | 0.5 | 1 | 0.1 | 6 | 0.4 |
| 母の行方不明 | 79 | 2.5 | 1,138 | 3.8 | 10 | 0.8 | 17 | 1.0 |
| 父母の離婚 | 56 | 1.8 | 872 | 2.9 | 33 | 2.7 | 133 | 8.0 |
| 両親の未婚 | 195 | 6.2 | * | * | * | * | * | * |
| 父母の不和 | 41 | 1.3 | 233 | 0.8 | 18 | 1.5 | 30 | 1.8 |
| 父の拘禁 | 18 | 0.6 | 419 | 1.4 | 4 | 0.3 | 9 | 0.5 |
| 母の拘禁 | 121 | 3.8 | 1,037 | 3.5 | 14 | 1.1 | 26 | 1.6 |
| 父の入院 | 7 | 0.2 | 180 | 0.6 | – | – | 2 | 0.1 |
| 母の入院 | 96 | 3.1 | 1,124 | 3.7 | 9 | 0.7 | 9 | 0.5 |
| 家族の疾病の付添 | 11 | 0.3 | * | * | * | * | * | * |
| 次子出産 | 19 | 0.6 | * | * | * | * | * | * |
| 父の就労 | 11 | 0.3 | 963 | 3.2 | 11 | 0.9 | 22 | 1.3 |
| 母の就労 | 123 | 3.9 | 767 | 2.6 | 12 | 1.0 | 65 | 3.9 |
| 父の精神疾患等 | 13 | 0.4 | 178 | 0.6 | 9 | 0.7 | 17 | 1.0 |
| 母の精神疾患等 | 686 | 21.8 | 3,519 | 11.7 | 179 | 14.5 | 127 | 7.6 |
| 父の放任・怠だ | 9 | 0.3 | 537 | 1.8 | 27 | 2.2 | 77 | 4.6 |
| 母の放任・怠だ | 340 | 10.8 | 3,878 | 12.9 | 133 | 10.8 | 268 | 16.0 |
| 父の虐待・酷使 | 82 | 2.6 | 2,183 | 7.3 | 161 | 13.0 | 152 | 9.1 |
| 母の虐待・酷使 | 186 | 5.9 | 3,228 | 10.8 | 214 | 17.3 | 129 | 7.7 |
| 棄 児 | 18 | 0.6 | 124 | 0.4 | 5 | 0.4 | 6 | 0.4 |
| 養育拒否 | 217 | 6.9 | 1,427 | 4.8 | 78 | 6.3 | 65 | 3.9 |
| 破産等の経済的理由 | 146 | 4.6 | 1,762 | 5.9 | 12 | 1.0 | 13 | 0.8 |
| 児童の問題による監護困難 | 19 | 0.6 | 1,130 | 3.8 | * | * | * | * |
| その他 | 547 | 17.4 | 3,619 | 12.1 | 156 | 12.6 | 172 | 10.3 |
| 不詳 | 77 | 2.4 | 857 | 2.9 | 39 | 3.2 | 92 | 5.5 |

(注) ＊は調査項目にしていない。
(出所) 厚生労働省雇用均等・児童家庭局「児童養護施設入所児童等調査結果」2013 年より筆者作成

複雑で重層化している。たとえば、母子家庭で精神疾患を抱え仕事のできない状態にある母親は、子育てができないため乳児院へ子どもを入所させるケースがある。その後、精神疾患が完治し仕事復帰できたとしても、子育ての孤立化など、また新たな課題が明らかになることも多い。そのため、個々の問題解決だけではなく、社会的責任において、子育て支援、家庭環境の調整を丁寧に行う必要がある。

　乳児院の在所期間は、1 年未満が 52.4% ともっとも多く、平均委託（在所）期間は、1.2 年（2013 年 2 月 1 日現在）となっている。短期の利用は、子育て支援の役割であり、長期の在所では、乳幼児の養育のみならず、保護者支援、退所後のアフターケアを含む親子再統合支援の役割が重要となる。

　乳児院では、早期家庭復帰、里親委託等を可能とするための専門的なスタッフとして家庭支援専門相談員（ファミリーソーシャルワーカー）を配置し、相談援助等を行っている。また、家庭復帰に向けての支援については、①親に対する育児に必要な知識や技術の習得、②親子の宿泊体験（外泊）などを通しての子どもの養育について学ぶ取り組みが重視されている。

　乳児院から児童養護施設への措置変更の場合、2004（平成 16）年 12 月公布の「児童福祉法の一部を改正する法律」によって、乳児院と児童養護施設の入所児童の年齢要件の見直しがあり、「安定した生活環境の確保等の理由により特に必要のある場合には、乳児院に幼児（満 1 歳から、小学校就学の始期に達するまでの者）を、児童養護施設には乳児（満 1 歳に満たない者）を入所させることができる」ようになった。また、乳児院と児童養護施設を併設している場合は少ないため、育成記録などの継続性、生活における子どもの様子などの情報交換や調整機能が重要である。

## 2　児童養護施設

　児童養護施設は、児童福祉法第 41 条において、「保護者のない児童（乳児を除く。ただし、安定した生活環境の確保その他の理由により特に必要のある場合には、乳児を含む。以下この条において同じ。）、虐待されている児童その他環境上養護を要する児童を入所させて、これを養護し、あわせて退所した者に対する相

談その他の自立のための援助を行うこと」と定められており、全国で 603 か所（2016 年 10 月 1 日現在・厚生労働省家庭福祉課調べ）が設置されている。

　児童養護施設の入所対象児童は、児童福祉法の規定によれば、原則として満 1 歳以上満 18 歳未満の児童であるが、必要に応じて満 20 歳まで延長できる。

　職員は、おもに①生活支援、②学習支援、③退所後のアフターケアなどを行い、生活支援では、食事の準備、洗濯、掃除など日常生活に必要なことが、基本的な役割として求められている。また、施設入所後も家族と交流ができる子どもが増えているため、家族関係を調整する機能が求められ、専門的な知識が必要である。子どもたちの養育は、個々の自立目標に合わせた支援計画をもとに、児童指導員・保育士等の専門職が行っている。1 日の生活の流れは、表 5-2 の通りである。

　児童養護施設における入所理由としては、児童福祉法の制定（1947〔昭和22〕年）された当時には、戦災孤児や浮浪児の保護や救済が主たる役割であったが、時代の変遷や社会情勢の変化により、入所理由も変化し、多様化している。現在の児童の入所理由（表 5-1）としては、「父または母の虐待・酷使」18.1%（前回 14.4%）、「父または母の放任・怠だ」14.7%（前回 13.8%）となっている。厚生労働省が行った入所後の虐待経験の調査（表 5-6）では、虐待を受けた子どもが 59.5%（前回 53.4%）入所している。そのうち虐待経験の種類は、ネグレクト 63.7%（前回 66.2%）・身体的虐待 42.0%（前回 39.8%）・心理的虐待 21.0%（前回 20.4%）、性的虐待 4.1%（前回 3.9%）（2013 年 2 月 1 日現在）である。また近年、何らかの障害を持つ子どもが 23.4% と増えており、発達障害を疑われる子どもたちの入所利用や、親が精神疾患を抱えて子育てができないため入所するケースも増加している。そのため、人員配置を増やし、大人が寄り添って養育できる環境を整える必要性があり、さらに、専門的なケアを行うことが求められている。

　入所児童は、2 万 9979 人であり、児童養護施設利用者の年齢区分を見ると、幼児 13.4%、小学生 36.3%、中学生 23.2%、高校生 21.5%、18 歳以上 5.4% となっている。また児童養護施設を利用している児童の平均年齢は 11.2 歳、入所

表5-2　児童養護施設の日課表（例）

勤務体系　　早出　　6：30〜15：15
　　　　　　日勤　　8：30〜17：00
　　　　　　中出　　10：20〜19：00
　　　　　　遅出　　13：30〜22：00
　　　　　　宿直勤務（宿泊）　　13：30〜22：00　6：30〜15：15

| 時間 | 日課 | 職員の動き |
|---|---|---|
| 6：15 | | 起床 |
| 6：30 | 起床 | 朝食作り |
| | 洗顔・歯みがき | 児童へ声かけ |
| 7：00 | 朝食 | 配膳・朝食 |
| 8：00 | 登校 | 持ち物の確認 |
| | 小学生集団登校 | 登校見送り |
| | 幼稚園　バス登園（年長） | 幼稚園の送迎 |
| | 中・高校生　各自登校 | 掃除 |
| 8：30 | 日勤職員出勤 | 洗濯 |
| | 幼稚園　見送り（年中・年少） | 衣類整理 |
| | 日誌記入 | 業務日誌の記入 |
| 10：00 | 園内保育開始 | ケース記録整理 |
| | 昼食 | 昼食 |
| 13：30 | 宿直職員出勤 | 引継ぎ（子どもの様子など報告） |
| 14：00 | 幼稚園迎え | 保育 |
| 15：00 | おやつ | 宿直勤務者退勤・夕食準備 |
| 16：30 | 小学生下校（宿題・時間割準備） | 宿題の指導 |
| 17：00 | 中高生下校 | 時間割準備・確認 |
| 17：30 | 日勤職員退勤 | 配膳 |
| 18：00 | 夕食 | 夕食・片付け |
| 19：00 | 入浴 | 入浴 |
| | 自由時間（テレビ・個別学習） | 個別の学習指導 |
| 20：00 | 幼児就寝 | 絵本の読み聞かせ |
| 21：00 | 小学生就寝 | 掃除・洗濯 |
| | 中高生勉強時間・自由時間 | 中高生の学習指導 |
| 22：00 | 中高生就寝 | 宿直会議（子どもの様子・予定の確認） |

（出典）児童養護施設 H 園の日課表より筆者作成

児の平均年齢は6.2歳であり、在籍期の平均は4.9年（2013年2月1日現在）である。

　児童養護施設における課題としては、①専門的ケアの充実、②小規模化による家庭的支援、③自立支援の充実が挙げられる。

　今日では児童養護施設の小規模化が推進されており、厚生労働省によると小規模グループケアは 2016（平成 28）年に 1341 か所設置されている。小規

模化では、できる限り家庭的で落ち着いた雰囲気の中で、また特定の大人との継続的で安定した愛着関係のもとで、子どもたちが生活できる環境を整えることが可能である。その一方で、大舎制の果たしてきた役割も大きく、複数の保育者で子どもを支援するため多角的な支援を行ってきた。また、大舎制のメリットとしては、①保育者の人材育成の観点から、小規模化よりも複数の保育者をモデルにすることができる点、②子ども同士の相互作用により、育ち合い、支え合い、学び合うことができる点である。

　自立支援の充実については、社会的養護のもとで育った子どもが、自立した社会人として生活できるように、他者を尊重し共生していく力や生活スキル、社会的スキルの獲得など、施設退所後のアフターケアを含めた支援が児童養護施設の役割として重要な課題である。

## 3　自立援助ホーム

　自立援助ホームとは、被虐待体験など様々な理由により家庭で生活することができず、働いて自立しなくてはならない、原則として15歳から20歳までの子どもたちのための生活型のグループホームである。2016（平成28）年の児童福祉法改正により、2017（平成29）年4月以降は大学等に就学している場合には、22歳に到達する日の属する年度の末日まで支援が受けられる。全国に143か所（2016年10月1日現在・厚生労働省家庭福祉課調べ）設置されている。

　児童養護施設や児童自立支援施設等の児童福祉施設を退所した子どもや、義務教育終了児童等の自立を図るため、日常生活上の援助や生活指導、就業の支援など、自立に向けた様々な相談を行う。

　2009（平成21）年の児童福祉法改正により、補助金制度から措置費制度へと移行した。かつては、利用を希望する子どもと自立援助ホームの私的契約による利用となっていたが、児童福祉法第33条の6において、都道府県の措置による利用が可能となった。

## 4　母子生活支援施設

　母子生活支援施設は、児童福祉法第38条において「配偶者のない女子又

表5-3　母子生活支援施設におけるおもな支援内容

| 分　類 | 主な支援内容 |
|---|---|
| 生　活 | 見守り・声かけ　家事の補助・代行　人間関係調整（親子・親族・利用者間など）金銭管理・負債整理支援　住宅申し込みに関する相談　関係機関への同行・連絡調整　緊急一時保護事業 |
| 就　労 | 就労相談　就労活動支援　就労先との関係調整　就労継続のためのサポート　スキルアップに関する支援 |
| 健　康 | 健康に関する相談・情報提供　通院やカウンセリングの付き添い　服薬管理　精神安定のための支援　心理相談 |
| 子どもの養育 | 施設内保育・病児保育・学童保育など　学習指導　生活指導（社会生活のルールなど）通学・通園の支援　子育て相談 |
| その他 | 季節行事・地域交流事業　退所世帯へのアフターケア |

（出典）中山正雄編著『実践から学ぶ社会的養護』保育出版社、2010年、53ページ

表5-4　在所期間別母子生活支援施設入所世帯

| 総　数 | 5年未満 | 1年未満 | 1年 | 2年 | 3年 | 4年 | 5～9年 | 10年以上 | 不詳 |
|---|---|---|---|---|---|---|---|---|---|
| 3,725 | 3,191 | 1,412 | 816 | 480 | 305 | 178 | 389 | 116 | 29 |
| 100.0% | 85.7% | 37.9% | 21.9% | 12.9% | 8.2% | 4.8% | 10.4% | 3.1% | 0.8% |

（出典）厚生労働省雇用均等・児童家庭局「児童養護施設入所児童等調査結果」2013年

はこれに準ずる事情にある女子及びその者の監護すべき児童を入所させて、これらの者を保護するとともに、これらの者の自立の促進のためにその生活を支援し、あわせて退所した者について相談その他の援助を行うことを目的とする施設」である。全国に232か所（2016年10月1日現在・厚生労働省家庭福祉課調べ）設置されている。入所世帯数は3330世帯となっており、近年では、DV被害者の入所が増加している。

　母子生活支援施設は児童福祉施設の中では唯一、母親と子どもが一緒に生活できる施設である。2001（平成13）年には、同法第23条第1項中の条文が、「その保護者から申込みがあったときは、その保護者及び児童を母子生活支援施設において保護しなければならない」と改正された。

　母子生活支援施設において、母子ともに安心して生活できる環境が不可欠である。おもな支援内容は、表5-3に示すような内容である。

　母子生活支援施設における入所理由は、「配偶者からの暴力（ドメスティック・

表 5-5　母子生活支援施設に入所した母親の就労収入（月）

| | 5 万円未満 | 5～10 万円未満 | 10～15 万円未満 | 15～20 万円未満 | 20 万円以上 |
|---|---|---|---|---|---|
| 正規雇用 | 2.2% | 11.0% | 41.1% | 25.9% | 19.8% |
| 非正規雇用 | 8.6% | 41.5% | 27.8% | 6.9% | 15.3% |

（出典）社会福祉法人 全国社会福祉協議会・全国母子生活支援施設協議会

バイオレンス）」45.7％、「経済的理由による」18.7％、「住宅事情による」15.9％である（「児童養護施設入所児童等調査結果」〔2013 年 2 月 1 日現在〕）。

　入所児童の年齢別割合は、乳幼児 43.7％、小学生 35.5％、中学生 11.7％、高校生・高校生以上 5.8％、その他 3.2％となっている（2013 年 2 月 1 日現在）。入所児童の対象年齢は 18 歳未満であるが、とくに必要のある場合は満 20 歳になるまでの期間延長が認められている。母子生活支援施設へ入所してからの在所期間は表 5-4 の通りである。

　入所している母親の 70.3％が就労しているが、その雇用形態は、正規雇用に比べ、非正規雇用が多い状況である。また、就労している母親の収入状況は、表 5-5 の通りである。

　世帯収入は、「正規雇用」では「10～15 万円未満」がもっとも多く（41.1％）、非正規雇用では「5～10 万円未満」がもっとも多く（41.5）なっている。いずれも就労収入のみで世帯を支えるには厳しい状況であり、生活保護（世帯の約 4 分の 1〔24.1％〕が受給）や各種手当受給により生計を立てている場合が多い。そのため、母子福祉施策や生活保護の専門的ケースワークと連携する必要性がある。また、個別の課題を正しく理解し、母に対する就労支援、子どもに対する支援、虐待防止、母子再統合の支援、地域支援等を充実させ、専門的かつ気持ちに寄り添った支援をすることが今後の課題である。

## 第 2 節　情緒・行動面上の問題に対応する児童の施設養護

### 1　児童心理治療施設（情緒障害児短期治療施設）
　児童心理治療施設（情緒障害児短期治療施設）は、児童福祉法第 43 条の 5 項

において、「軽度の情緒障害を有する児童を、短期間、入所させ、又は保護者の下から通わせて、その情緒障害を治し、あわせて退所した者について相談その他の援助を行うことを目的とする施設」と定められており、施設数は46 か所（2013 年 10 月 1 日現在・厚生労働省家庭福祉課調べ）である。2016（平成28）年の児童福祉法改正により、2017（平成 29）年 4 月からは児童心理治療施設へと名称が改められた。入所児は、被虐待児が 71.2％（表 5 - 6）、広汎性発達障害の子どもが 26％、軽・中度の知的障害の子どもが 12.8％、児童精神科を受診している子どもが 40％、薬物治療を行っている児童が 35％である（2010〔平成 22〕年 10 月「全国情緒障害児短期治療施設調査」）。

　児童心理治療施設（情緒障害児短期治療施設）では、施設全体が治療の場であり、施設内で行っているすべての活動が治療であるという「総合環境療法」の立場をとっている。具体的には、①医学・心理治療、②生活指導、③学校教育、④家族との治療協力、⑤地域の関係機関との連携を治療の柱として行っている。心理治療では、児童精神科医やセラピストがカウンセリングや一部の子どもたちに症状を軽くするため薬による治療も行っている。また、生活指導では、保育士や児童指導員が担当し、日課の中での友だちや職員とのふれあい・遊び・スポーツ・作業などを通して、規則正しい生活を送りながら、生活上の知識やルールを学び、生活のリズムを身につけ、特定の他者と

表 5 - 6　被虐待経験の有無および虐待の種類（2013 年 2 月 1 日現在）

| | 総数 | 虐待経験あり | 虐待の種類（複数回答） | | | | 虐待経験なし | 不明 |
|---|---|---|---|---|---|---|---|---|
| | | | 身体的虐待 | 性的虐待 | ネグレクト | 心理的虐待 | | |
| 乳児院児 | 3,147 | 1,117 | 287 | 1 | 825 | 94 | 1,942 | 85 |
| | 100％ | 35.5％ | 25.7％ | 0.1％ | 73.9％ | 8.4％ | 61.7％ | 2.7％ |
| 養護施設児 | 29,979 | 17,850 | 7,498 | 732 | 11,367 | 3,753 | 10,610 | 1,481 |
| | 100％ | 59.5％ | 42.0％ | 4.1％ | 63.7％ | 21.0％ | 35.4％ | 4.9％ |
| 自立施設児 | 1,670 | 977 | 590 | 45 | 525 | 287 | 589 | 104 |
| | 100％ | 58.5％ | 60.5％ | 4.6％ | 53.8％ | 29.4％ | 35.3％ | 6.2％ |
| 情緒障害児 | 1,235 | 879 | 569 | 70 | 386 | 275 | 318 | 38 |
| | 100％ | 71.2％ | 64.7％ | 8.0％ | 43.9％ | 31.3％ | 25.7％ | 3.1％ |

（出典）厚生労働省雇用均等・児童家庭局「児童養護施設入所児童等調査結果」2013 年より筆者作成

84

の愛着関係を築くことが重要である。最後に、学校教育では、施設によって地域の学校、施設内の分教室・分校など様々な形態があり、教育委員会と連絡をとり合っている。1つの学級の人数が一般の学校に比べると小規模なので、集団が苦手な子どもでも教室に入りやすい環境になっている。また、施設内の学校でも教材は地域の小・中学校と同じものを使用し、学習の遅れが見られる場合は教材や教え方に工夫を凝らし、それぞれの子どものレベルに合わせて学習を進めている。

1997年の児童福祉法改正により、入所児童はおもに12歳から18歳未満に拡大され、さらに必要があれば20歳までの延長も可能となったため、入所児の高年齢化が進んでおり、年齢に合わせた支援内容の充実が求められている。

## 2　児童自立支援施設

児童自立支援施設とは、児童福祉法第44条において、「不良行為をなし、又はなすおそれのある児童及び家庭環境その他の環境上の理由により生活指導等を要する児童を入所させ、又は保護者の下から通わせて、個々の児童の状況に応じて必要な指導を行い、その自立を支援し、あわせて退所した者について相談その他の援助を行うことを目的とする施設」と定められている。

ここに記述されている「不良行為」とは、少年警察活動規則第2条第6項の「飲酒、喫煙、深夜はいかいその他自己又は他人の徳性を害する行為」をさしている。入所対象年齢は、小学校就学年齢から18歳に至るまでの児童とされているが、必要があれば20歳に達するまで入所を措置延長することができる。

児童福祉法施行令第36条において、「都道府県は、法第35条第2項の規定により、児童自立支援施設を設置しなければならない」という設置義務があり、全国で58施設（2016年10月1日現在・厚生労働省家庭福祉課調べ）が設置されている。しかし、地方の児童自立支援施設は財源的にかなり厳しい状況下にある。そのため、寮舎の建て替えも進まず、物的にも人的にも苦しい運営を余儀なくされているのが実情である。

　児童自立支援施設の役割としては、「必要な指導」と「自立支援」が挙げられるが、この「必要な指導」とは、以下の①生活指導、②学科指導、③職業指導のことである。

　①生活指導は、児童の自主性の尊重、基本的生活習慣の確立、豊かな人間性・社会性の形成、将来の自立生活のための必要な知識経験の獲得ができるよう行う。

　②学科指導は、学校教育法の規定による学習指導要領を準用して行う。

　③職業指導は、勤労の基礎的な能力・態度の育成、適性、能力等に応じた職業選択のための相談等の支援を行う。

　現在入所児童（表5-1）には、虐待などによる不適切な環境で養育を受け、多くの問題を抱える子ども、知的障害、注意欠陥多動性障害や広汎性発達障害などの障害を抱える子ども、精神的な不安を抱える子どもが増加している。そのため、特別なケアを必要とする児童が増えており、個別支援や心理治療などによるケアの充実が課題となっている。この点について小木曽宏は、「児童自立支援施設は児童養護施設と同様に子どもたちの『自由を束縛する』ことを前提とする施設ではなく、子どもたちの『くらしをつくり直す』ことを前提とした施設であることを強調したい」（小林・小木曽 2009）と述べている。

## 第3節　障害のある児童の施設養護

　2010年12月の児童福祉法改正により、これまで「知的障害児施設」「盲ろうあ児施設」「肢体不自由児療護施設」「第2種自閉症児施設」等とされていた施設種別が「福祉型障害児入所施設」に、また「肢体不自由児施設」「重症心身障害児施設」「第1種自閉症児施設」等とされていた施設種別が「医療型障害児入所施設」に2012（平成24）年4月から障害児関係の施設種別が再編された。図5-1は児童養護の体系を表したものである。

　入所している子どもも、施設としての機能も、現状では旧種別の施設から大きく変化していないことを踏まえ、本書では旧来の施設種別名にて記載する。

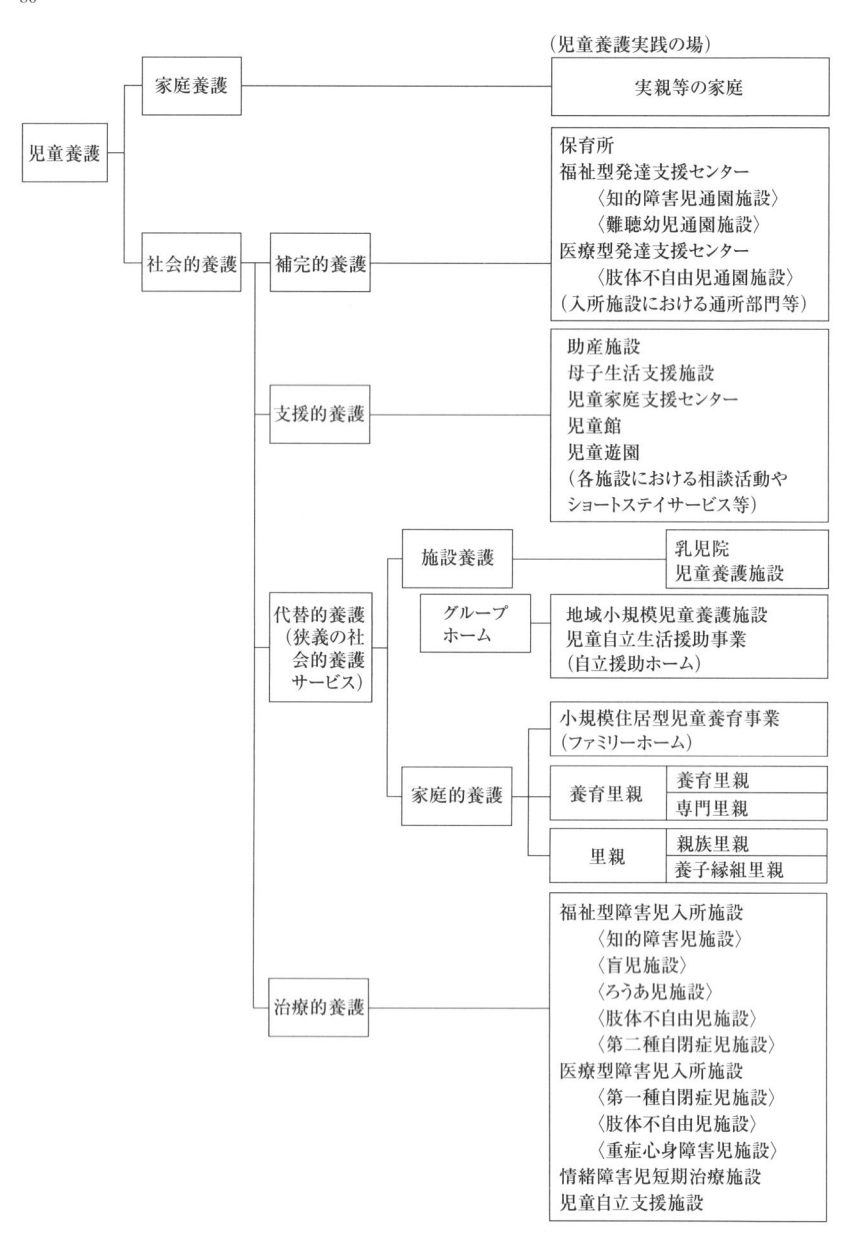

図5-1　児童養護の体系

（出典）櫻井奈津子編著『社会的養護の原理』青踏社、2012 年、72 ページ

## 1　福祉型障害児入所施設

### 1）知的障害児施設

　知的障害児施設には、入所施設と通所施設の2種類がある。入所を基本とする知的障害児施設は、18歳未満の知的障害児を入所させ、保護し、または治療するとともに独立自活に必要な知識技能を与えることを目的としている。状況により20歳まで入所を延長することが可能であるが、障害の重度化や重複化に加え、成人施設の不足などの理由から、知的障害児施設の入所児の高齢化が進んでいる。知的障害児施設は、225か所設置され、定員は9461人（2013年10月1日現在・厚生労働省家庭福祉課調べ）となっている。

　知的障害とは、「知的機能の障害が発達期にあらわれ、日常生活に支障が生じているため、何らかの特別の支援を必要とする状態をいう。なお、知的機能の障害は、標準化された知能検査によって判定し、概ねIQ75以下の場合知的障害と判定される。さらにその程度により、軽度（IQ75〜50）、中度（50〜35）重度（35〜20）、最重度（20以下）と分類される」（森上・柏女 2013 341ページ）しかし、知的機能は複雑で多様なため、IQはあくまで1つの尺度として見ておく必要がある。

　一方、知的障害児通園施設は、知的障害のある児童を日々保護者のもとから通わせて、これを保護するとともに、独立自活に必要な知識技能を与えることを目的とする施設である。知的障害児通園施設の設置状況は、全国で256か所設置され、定員は9541人（2013年10月1日現在・厚生労働省家庭福祉課調べ）である。特別支援学校や地域とも連携をとりながら、専門的なプログラムを行っている。

　また、知的障害児施設の中には、自閉症児を対象とした施設がある。ここでは、自閉症を主たる症状とする児童の保護を行い、独立自活に必要な知識技能を与えることを目的としており、第1種自閉症児施設と、第2種自閉症児施設がある。第1種は、医療法上は病院であり、入院の必要がある自閉症児を対象とする、医療型児童福祉施設である。第2種は、入院の必要がない自閉症児を対象としている福祉型入所施設である。

　自閉症児施設では、自閉症児の特性に合わせて、基本的な生活習慣の確立

や社会性の発達のための支援、コミュニケーション能力を身につけるための支援などが行われている。

## 2）盲ろうあ児施設

　盲ろうあ児施設とは、盲児（強度の弱視児を含む）または、ろうあ児（強度の難聴児を含む）を入所させて、これを保護するとともに、独立自活に必要な指導または援助をする施設である。全国に、盲児施設は9か所あり定員は183人、ろうあ児施設は10か所あり定員は214人（2013年10月1日現在・厚生労働省家庭福祉課調べ）である。

　盲（視覚障害）は、「全く何も見えない失明の状態をいうが、明暗の区別が分かる光覚弁（明暗弁）、眼前の手の動きがわかる手動弁を含むこともある」（森上・柏女 2013）。その特徴として、視覚的に環境を認知することが制限されてしまうため、運動の発達や言葉の発達に遅れが生じやすいといえる。そのため、運動獲得のための訓練的な支援が必要となり、身体を使って視覚以外の刺激をしっかり経験することが重要になる。

　聾（ろう・聴覚障害）は、「聴力損失の程度によって、軽度難聴（聴力損失30dB以内）、中等度難聴（30〜60dB）、高度難聴（60〜90dB）、聾（90dB以上）に区別される」（森上・柏女 2013）。その特徴として、耳からの情報が制限されるため、言語的コミュニケーションをとることが困難となり、言葉の獲得や明瞭な発音の獲得が妨げられる。そのため、言語の習得をはじめ様々なコミュニケーションスキルの習得を訓練的に行う必要がある。

　近年では、自宅や特別支援学校の寄宿舎（寮）から学校へ通う子どもが増えたため、盲児施設・ろうあ児施設の入所者数は大幅に減少している。その一方で、入所者の傾向としては、家庭の養育環境に問題を抱えているケースや知的障害を重複する子どもの増加などが挙げられる。また、発症した年齢によっても対応が異なるため、指導内容は広範囲になる場合がある。

## 2　医療型障害児入所施設

## 1）肢体不自由児施設

　肢体不自由児施設とは、長期にわたり治療訓練を要する肢体不自由児に対

し、治療するとともに、独立自活に必要な知識・技能を与えることを目的とする施設である。全国に59か所設置され、定員は3684人（2013年10月1日現在・厚生労働省家庭福祉課調べ）である。厚生労働省「平成23年生活のしづらさなどに関する調査」によれば、身体障害者手帳を所持している18歳未満の身体障害児数は全国に7万2700人である。そのうち、肢体不自由のある児童は、4万2300人である。

　肢体不自由とは、四肢体幹に不自由があることであるが、奇形や骨形成不全症のような身体面にのみ障害のある利用者は少なく、脳性麻痺や二分脊椎、筋ジストロフィーのように先天的な知的障害をはじめ、てんかんや視覚障害・言語障害、またそれらから派生する2次的・3次的障害を併せ持つ重複障害である者が大多数を占める。そのため、医師による医療的なケアのほかに、理学療法・作業療法・言語療法などの機能訓練が行われる。さらに、生活面では、レクリエーション活動や、生活指導、周囲の教育機関と連携し、施設内学級を設置し、教育面のサポートも行われている。入所理由としては、①保護者の不在や身体的・精神的疾患、虐待・ネグレクトのため家庭での養育困難による長期入所、②手術・リハビリのための短中期入所、③早期療育（母親指導含む）に主眼を置いた母子入所などがある。

## 2）重症心身障害児施設

　重症心身障害児施設とは、重度の知的障害および重度の肢体不自由が重複している児童を入所させて、これを保護するとともに、治療および日常生活の指導をすることを目的とする施設である。表5-7は、重症心身障害児施設の日課と職員の業務である。

　重症心身障害児とは、知的障害と肢体不自由が重複しており、そのうえ、障害が重いため、本人が要求することがなかなか伝わりにくい。また、移動や動作をするという脳の機能に障害を受けているため、自分の身体を動かすことができない場合が多い。とくに脳の障害が重い場合には、「寝たきり」の状態となり、筋肉は過緊張状態にあることが多い。また、重度の知的障害をともなっており、周囲の状況を認識したり、考えることも難しい状態である。小児医療の救命率の向上と合わせ、重症心身障害児は増加している。そ

表5-7 重症心身障害児施設の日課と職員の業務

| 時間 | 日課 | 職員業務 | 職員勤務時間 | | | |
|---|---|---|---|---|---|---|
| | | | 早番 | 平常勤務 | 遅番 | 夜勤 |
| 7:30 | 朝食 | • 朝食<br>• 定時排泄<br>• おむつ交換 | | | | |
| | | • 排便確認<br>• 活動センター[1] | | | | |
| 10:00<br>11:00 | • デイルームでの自由時間<br>• 散歩<br>• 活動センター参加 | • 申し送り<br>• 水分補給<br>• 日中活動<br>• 車いす等の移動介助<br>• 配膳<br>• 昼食 | | | | |
| 11:30 | 昼食 | • 申し送り<br>• 下膳<br>• おむつ交換 | | | | |
| 13:00<br>13:45<br>14:00<br>16:00<br>16:15 | • デイルームでの自由時間<br>• 散歩<br>• 活動センター参加<br>• 入浴<br>• おやつ | • 把握<br>• 活動センター<br>• 入浴[2]<br>• おむつ交換<br>• おやつ介助<br>• 日中活動<br>• 記録<br>• 早番退勤 | | | | |
| 16:45<br>17:00<br>18:00<br>18:45<br>19:45 | • 夕食 | • おむつ交換<br>• 申し送り<br>• 車いす等の移動<br>• 配膳<br>• 夕食<br>• 移動<br>• 平常退勤<br>• 下膳 | | | | |
| 20:00<br>20:15<br>21:30<br>0:30 | • 就床 | 申し送り<br>遅番退勤<br>おむつ交換<br>おむつ交換 | | | | |
| 6:30<br>7:00 | • 起床 | おむつ交換<br>起床開始<br>移動<br>配膳 | | | | |

(注) 1. 活動センターでは、陶芸、工芸、感覚訓練等の活動が行われている。
　　 2. 入浴については土日を除く毎日実施されるが、2グループを交互に実施。
(出典) 小野澤昇・田中利則・大塚良一編著『子どもの生活を支える社会的養護』ミネルヴァ書房、2013年、183ページ

の一方で、死亡率は低下し、長期にわたり支援が必要な児童が増加している。入院し続けるか、社会的支援がない在宅を選ぶという選択を迫られるケースが多いのが現状である。

## 第4節　地域との関わり・自立に向けての社会的養護

### 1　児童家庭支援センター

　児童家庭支援センターは、全国に 108 か所（2016〔平成 28〕年 10 月 1 日現在・厚生労働省家庭福祉課調べ）設置されており、1997（平成 9）年の児童福祉法改正で制度化され、地域の子どもたちの福祉に関する様々な問題について、専門的知識および技術を必要とする相談に応じ、児童相談所をはじめとする市区町村の関係機関と連携しつつ、地域の中で、きめの細かい柔軟な相談支援を行うことを役割としている。また、2008（平成 20）年の児童福祉法改正で、市町村の求めに応じ、技術的助言その他必要な援助を行うことも業務に加えられた。多くは、児童養護施設等の施設に附置されていたが、単独設置も可能となった。2013 年 4 月の実施要綱改正で、里親やファミリーホーム支援を行うことが明記された。

### 2　子どもシェルター

　子どもシェルターとは、虐待やいじめ、非行が原因で家や学校などに居場所のない子どもたちを一時的に保護する民間施設である。18 歳以上のすべての子どもを保護するための社会的制度は、現在のところ存在していない。また、18 歳未満の子どもに関しても、上記の施設には受け入れ人数等に限界があり、すべての子どもが保護を受けることは不可能という現状がある。

　子どもシェルターには、家庭から逃げてくる子どもだけではなく、児童養護施設で育ち、就職して社会に出たものの、仕事と住む場所を一度に失ってしまったという事情の子どもも訪れる。滞在期間は約 2 か月であり、この短い期間に、単に子どもへ一時的な避難場所を提供するというだけではなく、心身が傷ついた子どもには必要なケアが受けられるように、子どものニーズ

を聞き取り、どのような支援が求められているかを考え、その子どもの最善の利益を実現するために、児童相談所や弁護士などが子どもや家庭の話を聞き取り、行政、福祉、医療、心理、教育など子どもに関わる多くの関係者と連携し、子どもの希望を踏まえ、今後の生活の見通しを立てていくのである。

　家庭へ戻る子どもは全体の20％であり、多くの子どもは、児童養護施設や自立援助ホームに入居している。

　2004年に弁護士や福祉関係者、市民によって、東京で全国初の子どもシェルターが設立された。その後、全国15か所で子どもシェルターが開設されている。ところが、国・都道府県などの公的機関から補助金が減額されたり、職員確保が難しく、課題を抱えているのが現状である。

　2011年7月には、厚生労働省により、子どもシェルターが第2種社会福祉事業として認可を受けられるようになった。

〈演習問題〉
1　乳児院で幼児が生活する場合と、児童養護施設で乳児が生活するときの、メリット・デメリットについて検討してみよう。
2　児童養護施設を退所した者に対し、どのようなケアが必要であるか具体的に挙げてみよう。
3　障害者に対する虐待の発生予防や、虐待が起きた場合の対応について検討してみよう。

〈引用・参考文献〉
小木曽宏・宮本秀樹・鈴木崇之編（2013）『よくわかる社会的養護内容（第2版）』ミネルヴァ書房
小野澤昇・田中利則・大塚良一編著（2013）『子どもの生活を支える社会的養護』ミネルヴァ書房
小林英義・小木曽宏編著（2009）『児童自立支援施設―これまでとこれから―』生活書院
櫻井奈津子編著（2012）『社会的養護の原理』青踏社
德岡博巳編著（2012）『社会的養護―社会的養護の理論と実際―』あいり出版
内閣府編（2014）『平成26年版子ども・若者白書』日経印刷
日本発達障害連盟編（2014）『発達障害白書（2015年版）』明石書店
ミネルヴァ書房編集部編（2014）『社会福祉小六法2014』ミネルヴァ書房
森上史朗・柏女霊峰編（2013）『保育用語辞典（第7版）』ミネルヴァ書房
山縣文治・林浩康編著（2007）『社会的養護の現状と近未来』明石書店

# 第6章

## 社会的養護の実践方法

### 第1節　ケアワークとソーシャルワーク

　社会的養護を担う児童福祉施設には、様々な家庭状況や生育歴、被虐待歴、発達特性、行動特性などを持つ子どもたちが生活をしている。では、子どもたちは、なぜ施設入所に至ったか。厚生労働省「児童養護施設入所児童等調査結果」(2013〔平成25〕年) によると児童養護施設では、「父または母による虐待・酷使」18.1%、「父または母による放任・怠だ」14.7%、「父または母の精神疾患等」12.3%というのが上位の入所理由になっている。しかし、実際には多くの事例において施設入所に至る背景は単一の理由ではない。つまり、施設入所に至る「主たる理由」は親からの虐待や親のメンタルヘルスの問題かもしれないが、施設入所に至る子どもたちの家庭の中には、「主たる理由」以外にも親の就労問題や経済的問題、住宅の問題、アルコールなどアディクション (依存症) の問題、DV (ドメスティック・バイオレンス)、夫婦間の不和、離婚問題などの養育者側の問題や子どもの発達特性、情緒面での課題、障害、不登校、非行など子どもの特性や行動上の問題が複合的に生じている場合が多く、さらに、これらの困難かつ複合的な課題に対して地域や親族からの支援が十分に得られない状態で孤立している家庭が少なくない。したがって、入所児童一人ひとりについて、家庭環境や生育歴、本人や保護者の状況、学校や地域での状況などについての情報を収集し、個々の子どもに合った支援を計画的に行う必要がある。このように非常に複雑で困難な背景のある子どもたちの生活を、施設で働く保育士は他の専門職と協働して支援して

いる。本章では、社会的養護を担う児童福祉施設において、施設入所から退所までの支援過程をアドミッションケア、インケア、リービングケア、アフターケアという流れの中で概観するとともに、施設保育士の具体的な実践方法について学ぶ。また、保育士はソーシャルワーカーではないが、親子関係の再構築や自立に向けた環境調整を外部専門機関とともに行うことも重要な仕事であり、施設内の家庭支援専門相談員（ファミリーソーシャルワーカー）などと協働し、児童相談所など外部専門機関と連携した支援も行う。そのため相談援助の基本姿勢やソーシャルワークのプロセスに関する基本事項についても学ぶ。

## 第2節　相談援助の基本姿勢

### 1　バイスティックの原則

　バイスティック（F.P. Biestek〔1912〜1994年〕）は援助者が利用者との援助関係を構築するための基本姿勢として7つの原則を導き出している。これは「バイスティックの7原則」といわれ、今日でも対人援助の基本原則されている。

　①個別化の原則（個人として捉えること）　担当する子どもや親の置かれた状況がこれまで出会ったケースと似ていることがあるかもしれない。しかし、子どもや親のニーズは微妙に異なる。かけがえのない大切なひとりの人間として個人を尊重することは対人援助の大原則である。

　②意図的な感情表出の原則（感情表現しやすい雰囲気をつくること）　施設で生活する子どもや子どもと離れて暮らす親は、不安や怒りや悲しみなど言葉にならない様々なネガティブな感情を抱えている。保育士は、子どもや親が感情を抑圧せず、ネガティブなことも含め感情を表出しやすい雰囲気をつくることに配慮する必要がある。

　③統制された情緒的関与（保育士は自分の感情に気づくこと）　保育士は子どもや親の表出する感情や思いを傾聴する中で、自分自身にも不満や怒り、悲しみ、使命感など様々な感情や思いが心の中を渦巻く。保育士は自分自身の感情に気づきながら、子どもや親の表出に傾聴し適切に応答すること

が求められる。

④受容（ありのままを受け容れること）　子どもや親は様々な困難を前に、自己否定的な感情を強め、自信が持てず、精神的に不安定であることも少なくない。保育士は子どもや親の話に無条件に関心を向け、傾聴し、ありのままのひとりの人として受け容れることが求められる。

⑤非審判的態度の原則（一方的に非難しないこと）　「それではだめだ」「これが正しい」と善悪を裁くことが保育士の役割ではない。とくに親はこれまでの環境の中で、他者から攻撃、非難されたと感じてきた可能性が少なくないと認識し、受容的に傾聴する姿勢を心がける必要がある。

⑥自己決定の原則（選択、決定は当事者が行う）　子どもや親に対して進むべき道を指し示すことが保育士の役割ではない。むしろ時間がかかるかもしれないが、子どもや親が自分の意思で選び、決めていくプロセスに寄り添うことが保育士の役割である。

⑦秘密保持（秘密をまもること）　子どもや親は家族の状況や自らの置かれた困難など、他者には語りにくい、あるいは語れないことについて保育士との関係性の中で語る。保育士が許諾なく第三者に個人情報を漏らすことは子どもや保護者に対する倫理義務違反である。

## 2　援助の原則と子どもの最善の利益

　バイスティックの7原則は、保育士が子どもや親と信頼関係を形成するための基本姿勢である。しかし、例外的に、援助場面ではこの原則に従うことが子どもの最善の利益に反することがあるということも認識しておく必要がある。たとえば、極端な例だが「明日、自殺しようと思っている」「実は危険ドラッグを使用している」など自分や他者を傷つける行為について「誰にもいわないで」と懇願されたとしても、保育士がそれを守秘し続けることは、子どもの利益に反する。

## 第3節　ケアの展開過程

### 1　アドミッションケア―施設への入所に際して―

　みなさんは、たとえば児童養護施設へ実習に行く際、学内での事前学習を行い、さらに当該施設でのオリエンテーションを受けるだろう。限られた実習期間であっても宿泊をともなう中、不安や緊張が高まるのは当然である。では、みなさんよりもさらに年齢の低い子どもたちが家庭や地域を離れ、期限の定まらない共同生活を始めるのに際し、どれほどの不安や緊張が生じるかみなさんは想像できるであろうか。また親の立場からも考えてみる必要がある。施設入所に際しては、親子ともに、大きな不安や緊張を抱えているだろう。乳児院や児童養護施設など社会的養護を必要とする子どもが入所する児童福祉施設では原則として児童相談所の「措置」による入所手続きをとっている。そのため、施設職員は、児童相談所などと連携をとりながら、入所に際する親子の不安軽減を図っていかなければならない。「児童相談所運営指針」では、子どもを児童福祉施設等に措置する場合には、子どもや保護者に措置の理由等について十分な説明を行うとともに、入所させようとする児童福祉施設等の名称、所在地、施設の特色、措置中の面会や通信の制限及び措置中の費用に関する事項について子どもや保護者に連絡する。また、子どもが有する権利や施設生活の規則等についても子どもの年齢や態様等に応じ懇切に説明するとともに、子ども自身がいつでも電話や来所等の方法により児童相談所に相談できることを連絡し、施設における苦情解決の仕組みや社会福祉協議会に設置される運営適正化委員会への苦情の申し出などについても説明をする、とされている。多くの子どもたちは施設入所を控え、児童相談所の一時保護所で一時保護を受けている間に児童福祉司や児童心理司などから今後の施設での生活について一定の説明を受けている。しかし、それでも子どもたちは施設に入所することに対して十分に納得、同意しているわけではなく、非常に複雑な思いを持ちながら施設にやってくる。したがって、入所に際しては、施設職員から、あらためて何のために、いつまで入所する

のか子どもの発達に応じて説明する必要がある。また、児童相談所から配布された「子どもの権利ノート」などを子どもと一緒に確認しながら、施設生活における子どもの権利保障についてもわかりやすく説明することが求められる。子どもたちの中には事前に施設見学を経て入所に至るケースもあるが、そういう機会がないことも多い。子どもたちは、今日から生活する居室の使用方法、担当者との顔合わせ、健康状態のチェック、持ち物の確認、施設内でのルールについての確認、他の入所児童へのあいさつ、転校の手続きなど、しばらくは落ち着かない生活が続くであろう。児童相談所の「措置」による入所の場合、基本的には親権者である親の同意による入所であるため、入所当日には、児童相談所の職員とともに親も立ち会うことが多い。ソーシャルワークの展開過程においては対象者とはじめて出会う面接をインテークというが、親子関係の再構築を目指し、親への支援を行ううえで親と職員との信頼関係（ラポール）の形成はきわめて重要である。なお、深刻な虐待事例の中には児童相談所の入所措置決定に対して、親の同意が得られず、児童相談所が家庭裁判所に対して児童福祉法第28条による申し立てを行い、その間、施設で「委託一時保護」を行うこともある。その場合、子どもの安全確保のため親や家族に子どもの所在を知らせることができないため、施設職員は、より綿密に児童相談所などとの連携が不可欠である（表6-1）。

## 2　インケア―施設における支援内容―

### 1）自立支援計画による支援内容

施設は集団生活ではあるが、入所する子どもの背景は一人ひとり異なる。そのため、これまでどのような生活をし、どのような背景で施設入所に至ったか、子どもや家庭の状況などを丁寧に知る必要がある。なぜなら子どもや家庭の状況やこれまでの生活を知ることによって、今後の本人や家族に対する支援の在り方が変わってくるからである。施設における保育士などの具体的な支援内容は、勘やこれまでの経験のみに基づいて行うのではなく、総合的かつ丁寧なアセスメントに基づいて計画的に行わなければならない。厚生労働省「児童相談所運営指針」（2007〔平成19〕年）では、「児童相談所は、子

表6-1　施設入所までに入手すべき情報

〈入所までの経緯〉
• 児童相談所取扱経過・保護理由及び保護時の親子の様子・施設入所方針決定までの経過
• 施設入所に向けた保護者への説明・オリエンテーションの内容とその様子
• 施設入所に向けた子どもへの説明・オリエンテーションの内容とその様子

〈虐待の有無と告知について〉
• 虐待の有無と種類、程度・過去の虐待状況・きょうだいの被虐待歴
• 告知と認識の状況（否認／是認・拒否／同意）・居所開示／非開示・事件化（警察関与）の有無

〈法的対応について〉
［家事事件］・親権喪失／停止申立・児童福祉法第 28 条申立・未成年後見人申立
［少年事件］※主に児童自立支援施設・家裁送致（ぐ犯／事件）

〈子どもについて〉
• 成育歴（出生時の状態・先天性疾患・既往症・アレルギー等体質・家族歴）
• 発育状況（身長・体重・栄養状態・皮膚疾患等・健診の状況等）
• 衛生状態（身体／着衣等の衛生状態）・健康状態（病気／障害の有無・心身の外傷／傷跡の状態・後遺症等・受診歴・通院／投薬の有無と内容）・食事（食習慣・食嗜好）
• 排泄（おむつ・夜尿・便／排尿習慣）・睡眠（睡眠時間・入眠時刻・寝起きの状態・入眠時のこだわり等）・生活習慣（基本的生活習慣の獲得状況）
• 情緒（安定度・感情表出（怒り・恐れ・おびえ・不安とコントロール・意欲等））
• 親子関係（親の話をするか・会いたがるか・距離・態度・表情・保護者毎の相違）
• 他の大人との関係（人見知りする・誰にでも甘える）
• 他の子どもとの関係（同年齢・異年齢・同性・異性・個別と集団）
• 行動上の問題（トラブル・けんか・いじめ・暴言・暴力・無断外出・自傷・非行／万引き／持出／家出／窃盗／徘徊／火遊び）
• 学校等での様子（出欠状況・学力・授業態度・意欲・教師との関係・他の子どもとの関係）
• 心理的ケアの必要性とその内容（施設心理／児相通所等）
• 医学的ケアの必要性とその内容（児相診察／医療機関受診等）

〈保護者・家族について〉
• 成育歴（原家族における育ち・被虐待／DV 経験・学歴／職歴・婚姻歴・きょうだい）
• 身体的・心理的問題（病気／障害の有無と程度・コミュニケーション能力・依存症）
• 性格・行動特性（衝動性・攻撃性・孤立・認知・共感等）
• 社会・経済的状況（就労状況・収入や借金・手当や生活保護受給状況・住居・転居歴）
• 夫婦関係（配偶者／内縁関係の状況・同席面接時の様子・個別面接の様子等）
• 親子関係（子どもへの関わり方・子への思い・親への思い）
• 家族／親族関係（家族／親族状況と関係性・キーパーソンの有無／可能性）
• 地域との関係（近隣・保育所／幼稚園／学校等との関係・行政等機関との関係）
• 連絡先（連絡可能な時間と方法を具体的に確認）

〈一時保護〉
• 生活状況（身体状況・基本的生活習慣・心理的状態・行動上の問題及び対処方法）
• 家族との通信・面会状況（有無・頻度・様子）
• 集団生活での適応状況（得意なこと・好きなこと等）

〈親子関係に関する子どもの意向〉
• 一時保護や施設入所理由の理解（具体的にだれからどのように説明したか）
• 施設生活に対する心配や希望・施設入所に伴う生活上の変化についての確認（転校・外出等）
• 家庭復帰の希望・通信・連絡（手紙・電話）等の希望・面会・外出・外泊の希望

〈親子関係に関する保護者・家族の意向〉
• 一時保護や施設入所理由の認識・入所後の養育についての希望（通院付き添い・諸手続等）
• 子どもとの接触（手紙・電話・面会・外出・外泊など）についての希望
• 保護者が離婚している場合の父母の面会交流に関する取り決めの内容（交流可否・交流方法等）・引き取り希望及び引き取りに向けた課題と目標
• 支援・サポート体制の有無と支援受け入れの可能性・児童相談所との関わりについての認識
• 追求（強引な面会や連れ去り）の可能性（28条／DV／性的虐待等の場合）

〈通信／面会について〉
• 通信／面会制限の有無・連絡方法・頻度・方法・立会有無（児相・施設 ※特に初回面会）
• 評価方法・緊急時の連絡方法・再評価時期と方法

〈社会資源活用の可能性〉
• 現在利用している社会資源・利用可能な社会資源・社会資源と保護者・家族との関係性
• 退所後の受け入れ先（家庭復帰／里親委託／措置変更／自立か）

〈児童相談所の援助指針〉
• 児童相談所作成の援助指針の確認（短期目標・中／長期目標・家族再統合の可能性）

（出典）厚生労働省雇用均等・児童家庭局家庭福祉課「社会的養護関係施設における親子関係再構築支援ガイドライン」2014年、28‐29ページ

ども及び保護者に事前に援助方針を伝え、その意向を十分に尊重するとともに、その子どもを入所させようとする児童福祉施設と十分に協議し、援助指針を策定する」と述べられている。

　児童相談所は、児童福祉司による社会診断（調査）、児童心理司による心理診断（判定）、医師による医学診断、一時保護所職員（児童指導員、保育士など）による行動診断（観察）などによって入所児童一人ひとりを総合的にアセスメントし、入所後の援助指針を作成する。施設では、この児童相談所が作成した児童相談所援助指針に基づき、一定期間、養育を行った後、自立支援計画を作成する（表6‐2）。

　厚生労働省「社会的養護関係施設における親子関係再構築支援ガイドライン」（2014年）では、施設における自立支援計画策定の手順を以下のように4つ挙げている。

　①児童相談所の児童票等の入所時までの情報に、数か月間の施設生活で得られた新たな情報を加えて、再アセスメントを行う。

　②子ども本人、保護者、児童相談所および関係機関の意見や協議などを踏まえ、計画を策定する。

　③施設と子ども本人、保護者、児童相談所の四者で支援目標と支援方針を

100

表6-2　自立支援計画票（記入例）

施設名　□□児童養護施設　　　　　　　　作成者名

| フリガナ<br>子ども氏名 | ミライ　　コウタ<br>未来　幸太 | 性別 | ○男<br>女 | 生年月日 | ○年　○月　○日<br>（11歳） |
|---|---|---|---|---|---|
| 保護者氏名 | ミライ　　リョウ<br>未来　良 | 続柄 | 実父 | 作成年月日 | ×年　×月　×日 |

| 主たる問題 | 被虐待経験によるトラウマ・行動上の問題 |
|---|---|
| 本　人　の　意　向 | 母が自分の間違いを認め、謝りたいといっていると聞いて、母に対する嫌な気持ちはもっているが、確かめてみてもいいという気持ちもある。早く家庭復帰をし、出身学校に通いたい。 |
| 保　護　者<br>の　　意　　向 | 母親としては、自分のこれまで行ってきた言動に対し、不適切なものであったことを認識し、改善しようと意欲がでてきており、息子に謝り、関係の回復・改善を臨んでいる。 |
| 市町村・学校・保育所・職場<br>な　ど　の　意　見 | 出身学校としては、定期的な訪問などにより、家庭を含めて支援をしていきたい。 |
| 児童相談所との協議内容 | 入所後の経過（3ヶ月間）をみると、本児も施設生活に適応し始めており、自分の問題性についても認識し、改善しようと取り組んでいる。母親も、児相の援助活動を積極的に受け入れ取り組んでおり、少しずつではあるが改善がみられるため、通信などを活用しつつ親子関係の調整を図る。 |

【支援方針】本児の行動上の問題の改善及びトラウマからの回復を図ると共に、父親の養育参加などによる母親の養育ストレスを軽減しつつ養育方法について体得できるよう指導を行い、その上で家族の再統合を図る。

第○回　支援計画の策定及び評価　　　　　次期検討時期：　△年　　△月

### 子 ど も 本 人

【長期目標】　盗みなどの問題性の改善及びトラウマからの回復

| | 支援上の課題 | 支援目標 | 支援内容・方法 | 評価（内容・期日） |
|---|---|---|---|---|
| 短期目標（優先的重点的課題） | 被虐待体験やいじめられ体験により、人間に対する不信感や恐怖感が強い。 | 職員等との関係性を深め、人間に対する信頼感の獲得をめざす。トラウマ性の体験に起因する不信感や恐怖感の軽減を図る。 | 定期的に職員と一緒に取り組む作業などをつくり、関係性の構築を図る。心理療法における虐待体験の修正。 | 　年　　月　　日 |
| | 自己イメージが低く、コミュニケーションがうまくとれず、対人ストレスが蓄積すると、行動上の問題を起こす。 | 得意なスポーツ活動などを通して自己肯定感を育む。また、行動上の問題に至った心理的な状態の理解を促す。 | 少年野球チームの主力選手として活動する場を設ける。問題の発生時には認知や感情の丁寧な振り返りをする。 | 　年　　月　　日 |
| | | 他児に対して表現する機会を与え、対人コミュニケーション機能を高める。 | グループ場面を活用し、声かけなど最上級生として他児への働きかけなどに取り組ませる。 | 　年　　月　　日 |
| | 自分がどのような状況になると、行動上の問題が発生するのか、その力動が十分に認識できていない。 | 自分の行動上の問題の発生経過について、認知や感情などの理解を深める。また、虐待経験との関連を理解する。 | 施設内での行動上の問題の発生場面状況について考えられるよう、丁寧にサポートする。 | 　年　　月　　日 |

（出典）児童自立支援計画研究会編『子ども・家族への支援計画を立てるために―子ども自立支援

| 家 庭 （ 養 育 者 ・ 家 族 ） | | | |
|---|---|---|---|
| 【長期目標】　母親と本児との関係性の改善を図ると共に、父親、母親との協働による養育機能の再生・強化を図る。また、母親が本児との関係でどのような心理状態になり、それが虐待の開始、及び悪化にどのように結びついたのかを理解できるようにする。 | | | |
| | 支 援 上 の 課 題 | 支 援 目 標 | 支援内容・方法 | 評 価 （ 内 容 ・ 期 日 ） |

| 短期目標（優先的な重点的課題） | 支援上の課題 | 支援目標 | 支援内容・方法 | 評価（内容・期日） |
|---|---|---|---|---|
| | 母親の虐待行為に対する認識は深まりつつあるが、抑制技術を体得できていない。本児に対する認知や感情について十分に認識できていない。 | 自分の行動が子どもに与える（与えた）影響について理解し、虐待行為を回避・抑制のための技術を獲得する。本児の成育歴を振り返りながら、そのときの心理状態を理解する。そうした心理と虐待との関連を認識する。 | 児童相談所における個人面接の実施（月2回程度） | 　　年　　　月　　　日 |
| | 思春期の児童への養育技術（ペアレンティング）が十分に身に付いていない | 思春期児童に対する養育技術を獲得する。 | これまで継続してきたペアレンティング教室への参加（隔週） | 　　年　　　月　　　日 |
| | 父親の役割が重要であるが、指示させたことは行うもののその意識は十分ではない | キーパーソンとしての自覚を持たせ、家族調整や養育への参加意欲を高める。母親の心理状態に対する理解を深め、母親への心理的なサポーターとしての役割を取ることができる。 | 週末には可能な限り帰宅し、本人への面会や家庭における養育支援を行う。児童相談所での個人及び夫婦面接（月1回程度）。 | 　　年　　　月　　　日 |

| 地 域 （ 保 育 所 ・ 学 校 等 ） | | | |
|---|---|---|---|
| 【長期目標】　定期的かつ必要に応じて支援できるネットワークの形成（学校、教育委員会、主任児童委員、訪問支援員、警察、民間団体、活動サークルなど） | | | |
| | 支 援 上 の 課 題 | 支 援 目 標 | 支援内容・方法 | 評 価 （ 内 容 ・ 期 日 ） |

| 短期目標 | 支援上の課題 | 支援目標 | 支援内容・方法 | 評価（内容・期日） |
|---|---|---|---|---|
| | サークルなどへの参加はするようになるものの、近所とのつきあいなどはなかなかできず、孤立ぎみ。 | ネットワークによる支援により、つきあう範囲の拡充を図る | 主任児童委員が開催しているスポーツサークルや学校のPTA活動への参加による地域との関係づくり | 　　年　　　月　　　日 |
| | 学校との関係性が希薄になりつつある。 | 出身学校の担任などと本人との関係性を維持、強化する。 | 定期的な通信や面会などにより、交流を図る | 　　年　　　月　　　日 |

| 総 合 | | | |
|---|---|---|---|
| 【長期目標】　地域からのフォローアップが得られる体制のもとでの家族再統合もしくは家族機能の改善 | | | |
| | 支 援 上 の 課 題 | 支 援 目 標 | 支援内容・方法 | 評 価 （ 内 容 ・ 期 日 ） |

| 短期目標 | 支援上の課題 | 支援目標 | 支援内容・方法 | 評価（内容・期日） |
|---|---|---|---|---|
| | 母親と本人との関係が悪く、母子関係の調整・改善が必要。再統合が可能かどうかを見極める必要あり。 | 母子関係に着目するとともに、父兄・妹を含めた家族全体の調整を図る。 | 個々の達成目標を設け、適宜モニタリングしながら、その達成にむけた支援を行う。 | 　　年　　　月　　　日 |
| | | | 通信などを活用した本人と母親との関係調整を図る | 　　年　　　月　　　日 |

| 【特記事項】　通信については開始する。面会については通信の状況をみつつ判断する。 |
|---|

計画ガイドライン—』日本児童福祉協会、2005 年、512 ページ

確認し、計画を共有する。

④目標や支援内容等を定期的にアセスメントして、計画の見直しを行う。

次に、自立支援計画策定の留意点として、以下の5つを挙げている。

①子ども本人、保護者の意向を尊重する。乳幼児であっても可能な限り聴取する。

②短期目標は概ね1か月から3か月程度で達成し進展するような目標である。

③長期目標を達成するためにより具体的な目標として短期目標を設定する。

④子ども・家庭・地域社会の3つの側面からの視点を持つ。

⑤子どもや家族の課題とともに持っている強み（ストレングス）に注目する。

## 2）支援上の課題

施設における保育士の支援内容は子どもたちの生活全般にわたる。施設入所に至る子どもたちの生活を考えてみると、様々な理由から家庭で十分な養育を受けられなかった子どもたちが少なくない。そのため心身の健康や清潔の保持に課題を持つ場合もある。たとえば、ネグレクトにより、歯磨きの習慣がなかったり、あったとしても不十分であったり、入浴時の体や頭の洗い方などについても同様である。そのほか、これまでの生活において食事や排せつ、睡眠などについても不規則である場合が多く、心身を健康に営むための生活習慣が確立されていない。また虐待を受けた影響や愛情の渇望により、職員に対する注意獲得的な行動や挑発、試し行動などがしばしば見られる。子どもたちの生活習慣や問題行動の改善には、叱責や反省を求めるだけではなく、ストレングス視点（よいところに注目すること）で、励ましやほめることによって子どもたちを支え導くことが必要不可欠である。施設で生活する子どもたちの行動については、すぐには改善が見られないことも多く、このような状況の中で担当職員1人だけが支援上の困難を抱えることは、問題をより深刻化させてしまうばかりではなくバーンアウト（燃えつき）の原因にもなる。ケースカンファレンス（事例検討会議）などを活用し、同僚や他の専門職と支援の内容や方法を振り返るとともに、再度アセスメントを実施し、支援計画を見直すことが必要である。

### 3）家族関係の再構築に向けた支援

　社会的養護を担う児童福祉施設では、虐待を含め入所に至る様々な背景を持つ子どもたちとその家族について、児童相談所などと連携をしながら親子の関係性修復のために子どもへの支援と合わせて、家庭環境の調整を行っている。

　厚生労働省「社会的養護関係施設における親子関係再構築支援ガイドライン」（2014〔平成26〕年）の中では、施設における親子関係の再構築に向けた子どもへの支援として、以下の5つを挙げている。

　①安全・安心な予測のできる日常生活を提供し、日々の養育を充実させる。

　②何が家庭で起こっていたのかを聞き取り、入所理由と家族との今後の交流の見通し（家庭復帰も含む）について説明する。

　③担当職員が中心となって、子どもとの信頼関係をつくり、安定したアタッチメント形成（不安な時に助けを求めたら受けとめられて安心を得られる）を促す。

　④不適切な養育の心身の発達への影響をアセスメントして、足りない体験を補い、トラウマなどに起因する情緒行動上の問題に対しての治療・支援を行う。

　⑤生い立ちや親との関係について子どもがこころの整理をして、否定的な自己イメージの修正や肯定的な家族イメージの醸成を図り、未来に向かっていく力を得られるよう支援する。

　また、同ガイドラインでは、施設における親への支援として、以下の6つを挙げている。

　①親と協働関係を形成し、親子再構築支援の見通しを示す。親も支援プラン作成に関わる。

　②協働養育者として親を尊重し、親との信頼関係を築き、施設が親の安心できる居場所になるように支援する。

　③親の抱えている問題を理解し、他機関と連携して親が経済的にも社会的にも心理的にもゆとりを取り戻せるよう支援する。

　④親自身が精神的な問題（未解決なトラウマ体験や衝動コントロールや精神医学的な問題など）を有している場合は、治療の必要性の自覚を促し、児童相談

所と連携して治療につなげる。

⑤養育の振り返りを共にし、子どもに与えた影響を理解し、子どもとの関係改善への動機づけを行う。

⑥具体的な養育方法について学べるように、モデルとなって示したり、ペアレントトレーニングを実施したりして教育的な支援をする。

## 3　リービングケア─施設退所に向けた準備─

　厚生労働省「児童養護施設入所児童等調査結果」(2013 年) によると、児童養護施設入所時の子どもたちの平均年齢は 6.2 歳、平均入所期間は 4.9 年となっている。施設では、新しく入所する子どもたちがいる一方で、家庭復帰や、自立（自活）、措置変更（施設を変わること）などによって、施設を退所する子どもたちがいる。施設での集団生活から地域や家庭へ戻ること、あるいは 1 人での生活を始めること、また、別の施設で生活を始めること。いずれにおいても子どもたちは、環境の変化を前に強い不安を持っていると推測される。子どもたちの新たな環境への移行を支えることをリービングケアといい、退所に向けた非常に重要な準備期である。家庭復帰については、関係機関と連携のうえ、慎重に進めていかなければならない。安易な家庭復帰は再虐待、再入所という悲惨な結果をもたらしかねない。

　義務教育を終えた子どもたちが、高等学校等へ進学しなかったり、高等学校などを中退した場合、これまで施設では子どもたちに退所を迫ることも少なくなかった。しかし、2011 (平成 23) 年に厚生労働省より出された通知「児童養護施設等及び里親等の措置延長等について」により、中卒や高等学校等中退児童であっても、必要に応じて入所の継続を検討しなければならなくなった。

　なお、児童養護施設では大学への進学率（12.3%）について、全国一般平均（53.2%）と比べると大きな開きがある。夢を持つ子どもたちが経済的に困難な現実に直面し、進学をあきらめることのないよう、給付型の奨学金制度などの充実が求められる。

## 4　アフターケア―施設退所後の支援―

　児童福祉法の中では、社会的養護を担う各児童福祉施設の目的の中に、施設を退所した子どもへの相談や、その他の援助を行うことが義務づけられている。したがって、児童福祉施設では、施設退所後も引き続き、子どもたちへ相談援助を行っていくための組織的な体制が求められる。しかし、現状として多くの施設では入所児童の養育が優先されるべき中心的課題であり、アフターケアは元担当者などの個人的関わりによる支援のみに陥りやすい。貧困の連鎖や格差の拡大が指摘される中、施設退所後の子どもたちの困難はより深刻になっている。厚生労働省「児童養護施設運営ハンドブック」(2014年)では、児童養護施設を退所する子どもたちに共通する困難な点について以下の4つを挙げている。

　①社会生活能力のいかんにかかわらず、一定の年齢（措置延長も20歳まで）に達すると、自立を強いられる。

　②施設生活と社会生活のギャップが大きい（小規模化で小さくなってきてはいる）。

　③家族や親族からの支援が期待できない。

　④不安定な仕事に就くことが多い。

　退所後の子どもたちの支援については、退所前の準備期を含め、担当者だけではなく、施設全体での計画的な取り組み、支援が求められる。

## 第4節　施設におけるソーシャルワークの展開

### 1　ケースワーク

　これまでに見たように施設で働く保育士は子どもや親との信頼関係を構築し、関係機関との協働を通して、計画的に子どもや親への支援を行っていく必要がある。ケースワーク（個別援助技術）のプロセスは、インテーク、アセスメント、プランニング、インターベンション、エバリュエーションと終結、という5つの局面に則って展開する。保育士は子どもや親の訴えやニーズを適切に捉え、見立て（アセスメント）や手立て（支援計画：プランニング）が適切であるか、適宜評価し、振り返ることが必要である。ここではとくに、アセ

スメントとプランニングに焦点を当てて学ぶ。

## 1）アセスメント

施設に入所している子どもたちの背景は非常に複雑であり、家庭には複合的な問題が絡み合っていることが少なくない。子どもや家庭を取り巻く環境を理解するための手がかりや情報を収集し子どもや親のニーズを明確化するとともに、生じている問題の背景を理解することが求められる。その際、ジェノグラムやエコマップを用いて視覚的に力動関係を捉えることが問題解決のヒントになることも少なくない。また、クライエントのストレングスに焦点を当てることも忘れてはならない。アセスメントは一度行ったら終わりというものではなく、繰り返し状況に応じて行う必要がある。

## 2）プランニング

アセスメントで明確となった問題の解決のために具体的にどのような援助目標や援助計画を立てるかということがプランニングである。施設では自立支援計画がこれに当たる。計画に当たっては可能な限り子どもや親の意思を反映し、関係機関との協働によって子どもの最善の利益となるよう計画を立案することが求められる。アセスメント同様、状況変化によっては援助目標、援助計画の見直しを行う必要がある。

## 2　グループワーク

核家族が多くなっている今日、施設のように多くの人数で共同生活することは珍しい。共同での生活は様々な面で子どもたちに制約を強い、何かとストレスが多いのも事実である。しかし、一方で、施設では、職員による側面的な支援のもと、子どもたちが仲間とともに協力し合い、助け合い、育ち合うことも可能である。このような集団（グループ）に対する援助をグループワーク（集団援助技術）という（表6-3）。職員が子ども間の相互作用を意図的に活用することにより、子どもたち一人ひとりがエンパワメントされていく。たとえば、集団生活では必ず一定のルールが必要になるが、子どもたちどうしで、話し合いをしてルールを決めている施設もある。みんなで選んだり、決めたりするプロセスを体験することは子どもたちにとって非常に重要であ

表6-3　グループワークの基本原理

| ①個別化 | メンバーをひとりとしてみること、グループを変化するものとしてとらえる。 |
|---|---|
| ②受容 | メンバー一人ひとりを受け入れること。 |
| ③参加 | 援助者が中心になるのではなく、メンバーが主体となって問題を解決していくことで、仲間意識が高まる。 |
| ④体験 | 豊かな人間関係や達成感を味わうことは、安定や成長につながる。 |
| ⑤葛藤解決 | 集団内のあつれきや不平・不満などによって生じる葛藤を、必要に応じて表面化させ、直面化を励まし、問題の解決が図られるよう援助していく。 |
| ⑥制限 | メンバーどうしが傷つけあうことのないように配慮し、その集団がメンバーにとって自由で安心できるとするためには、必要に応じて、メンバー間に境界や、行動に一定の枠を設置する。 |
| ⑦継続評価 | その活動が、個々のメンバーや集団にどのような効果をもたらしているか、その変化を評価する。これらによって、メンバーの達成感や自己信頼感を高め、参加意欲や積極的な役割意識につながる。 |

（出典）金子恵美『保育所における家庭支援』全国社会福祉協議会、2008年、70ページ

る。子どもたちは話し合いの中で自分の思いを相手に伝えたり、伝えられなかったり、人の話を聴いたり、他者や自分を受け入れたり、受け入れられなかったり、葛藤しながらも、他者と自分に折り合いをつけたり、譲り合うことを学ぶ。子どもたちは生活を通して仲間どうしの支え合いにより他者を信頼する力を得て、その力を礎にし自己を信頼、肯定する力を自ら育む。

## 第5節　記録と評価

### 1　記録について

　施設では、子どもたちが24時間365日、生活をし、複数の専門職が交代で支援を行っている。したがって、そのような交代制勤務という観点から、あるいはそれぞれの専門的視点から日々の「記録」や「日誌」は支援の一貫性を担保するため必要不可欠である。家庭からの連絡や面会、帰省時などの様子はもちろん、普段の何気ない施設での生活の中にも子どもたちのわずかな変化や表現が見てとれることもある。

　記録のもう1つの観点は援助者が自らの支援内容を客観的に振り返ること

である。施設における保育士の役割は他の専門職と協働しながら子どもたち
の生活支援を行うことである。また保育士は、担当ケースについて親との面
接や家族関係の再構築を支援することもある。勘や経験だけではなく、アセ
スメントに基づく支援が計画的に行えているのかどうか、記録をもとに点検
することが求められる。記録はそれ以外にも、事例検討やスーパービジョン
を受ける際の基礎資料としての活用にも用いられる。そして、何よりも記録
とは援助者のものだけではないということを自覚しておくことが必要である。
近年は、子どもたちが生い立ちの整理のため記録の開示を求めてくることも
少なくない。子どもたちの最善の利益を踏まえた記録を残す必要がある。と
くに、記載の方法では、しばしば事実と記録者の意見が混同されることも見
られる。対人援助の仕事を続ける以上、記録から逃れることはできない。よ
い記録とは何か、他者の記録を見たり、研修を受けたりしながら自己研鑽が
必要である。

## 2 評価について

「児童養護施設運営指針」では施設運営における評価と改善について、以
下のように規定している。

①施設運営や養育・支援の内容について、自己評価、第三者評価等、定期
的に評価を行う体制を整備し、機能させる。

・3年に1回以上第三者評価を受けるとともに、定められた評価基準に基
づいて、毎年自己評価を実施する。

・職員の参画による評価結果の分析・検討する場を設け、実行する。

②評価の結果を分析し、施設として取り組むべき課題を明確にし、改善策
や改善実施計画を立て実施する。

・分析・検討した結果やそれに基づく課題を文書化し、職員間で共有し、
改善に取り組む。

各施設ではケアの質的向上のため、当事者の声を聴く機会や、日々の支援
についての自己評価、第三者機関による評価により、支援内容の改善を行っ
ていくことが求められる。

〈演習問題〉

1　もし、あなたが子どもだとして、児童養護施設に入所することになったとしたら、どのようなことが心配であったり、不安であったりするだろうか。考えてみよう。

2　いまのあなたは「自立」しているだろうか。「自立」とはいったいどういうことだろうか考えてみよう。

3　児童養護施設などでの生活と一般社会での生活にはギャップがあるといわれているが、それはどのような点か、なぜそのようなギャップが生じるのか考えてみよう。

〈引用・参考文献〉

児童自立支援計画研究会編（2005）『子ども・家族への支援計画を立てるために―子ども自立支援計画ガイドライン―』日本児童福祉協会

厚生労働省雇用均等・児童家庭局（2013）「児童養護施設入所児童等調査」

厚生労働省雇用均等・児童家庭局長（2007）「児童相談所運営指針」

厚生労働省雇用均等・児童家庭局長（2012）「児童養護施設運営指針」

厚生労働省雇用均等・児童家庭局家庭福祉課（2014）「社会的養護関係施設における親子関係再構築支援ガイドライン」

厚生労働省雇用均等・児童家庭局家庭福祉課（2014）「社会的養護の課題と将来像の実現に向けて」

# 第7章

## 社会的養護を支える専門職と新しい仕組み（第三者評価）

　今日の社会的養護に関する様々な施設、機関には社会福祉専門職や隣接するその他の分野の専門職等が、それぞれ連携し、またチームとして、子どもたちの生活を支えている現状がある。おもに、社会的養護の領域においては、表7-1にあるように、様々な専門職がそれぞれの専門性を生かして仕事をしている。ここではそれぞれの専門職別に概観をしていくこととする。

## 第1節　社会的養護を支える専門職Ⅰ（児童福祉諸機関での専門職）

### 1　児童福祉司

　社会的養護を支える機関としては、児童に関するあらゆる相談に対応する児童相談所がある。この児童相談所の機能については、第2章にゆずるとして、児童相談所には、児童福祉法第13条において、「都道府県は、その設置する児童相談所に、児童福祉司を置かなければならない」として児童福祉司が置かれ、第2項に「児童福祉司は、都道府県知事の補助機関である職員とし、次の各号のいずれかに該当する者のうちから、任用しなければならない」として5つの条件を設けている。それをまとめると図7-1のようになる。

　これを見ると明らかなように児童福祉司任用資格は、福祉、医学、心理学等を専攻し免許資格を有し、関連の資格や社会福祉主事任用資格を有して実務経験等を有している者となり、非常に広範な資格要件を設けている。このことはひとえに子どもの生活にまつわる相談には、社会福祉はもとより医療、保健に関する分野から発達、心理等まで非常に広範な知識が必要となること

表7−1　児童福祉施設に配置されている職員表

| 乳児院 | 医師又は嘱託医、看護師、個別対応職員、家庭支援専門相談員、栄養士、(調理員) |
| --- | --- |
| 母子生活支援施設 | 母子支援員、嘱託医、少年を指導する職員(保育士、児童指導員等)(調理員)(心理療法担当職員)(個別対応職員) |
| 児童養護施設 | 児童指導員、嘱託医、保育士、個別対応職員、家庭支援専門相談員、(看護師)(栄養士、調理員)(心理療法担当職員)、職業指導員) |
| 福祉型障害児入所施設 | 嘱託医、児童指導員、保育士、(栄養士、調理員)児童発達支援管理責任者 |
| 医療型障害児入所施設 | 医療法に規定されている病院として必要な職員(医師、看護師、理学療法士、作業療法士等)、児童指導員、保育士、児童発達支援管理責任者 |
| 福祉型児童発達支援センター | 嘱託医、児童指導員、保育士、(栄養士、調理員)児童発達支援管理責任者、機能訓練担当職員(理学療法士、作業療法士、言語聴覚士等)(看護師) |
| 医療型児童発達支援センター | 医療法に規定されている病院として必要な職員(医師、看護師、理学療法士、作業療法士等)、児童指導員、保育士、児童発達支援管理責任者 |
| 児童心理治療施設 | 医師、心理療法担当職員、児童指導員、保育士、看護師、個別対応職員、家庭支援専門相談員、(栄養士、調理員) |
| 児童自立支援施設 | 児童自立支援専門員、児童生活支援員、嘱託医、精神科診療に相当の経験を有する医師又は嘱託医、個別対応職員、家庭支援専門相談員、(栄養士、調理員)(心理療法担当職員)(職業指導員) |

(注)( )の職種は、配置に一定の基準があり、たとえば児童数が40人以下の場合には、配置しなくてもよいなど心理療法、職業訓練等を行う施設については、配置しなければならないとされている。
(出典)「児童福祉施設の設備及び運営に関する基準」より筆者作成

を示しているということができる。

　児童福祉司は、児童相談所に配置され、様々な子どもの状況に応じて各種の相談を受け、また児童福祉施設での施設養護、里親等の家庭的養護などへの措置業務を担当している。

　具体的な業務としては、事例として照会があった子どもや、その子どもを養育している保護者等と面談し、状況把握を行ったり、また、その関係の調整を行い、子どもの最善の利益の尊重や人権尊重の視点等々から措置(行政処分)についての業務を行っている。

## 2　社会福祉主事

　社会福祉主事は、社会福祉法第18条で「都道府県、市及び福祉に関する

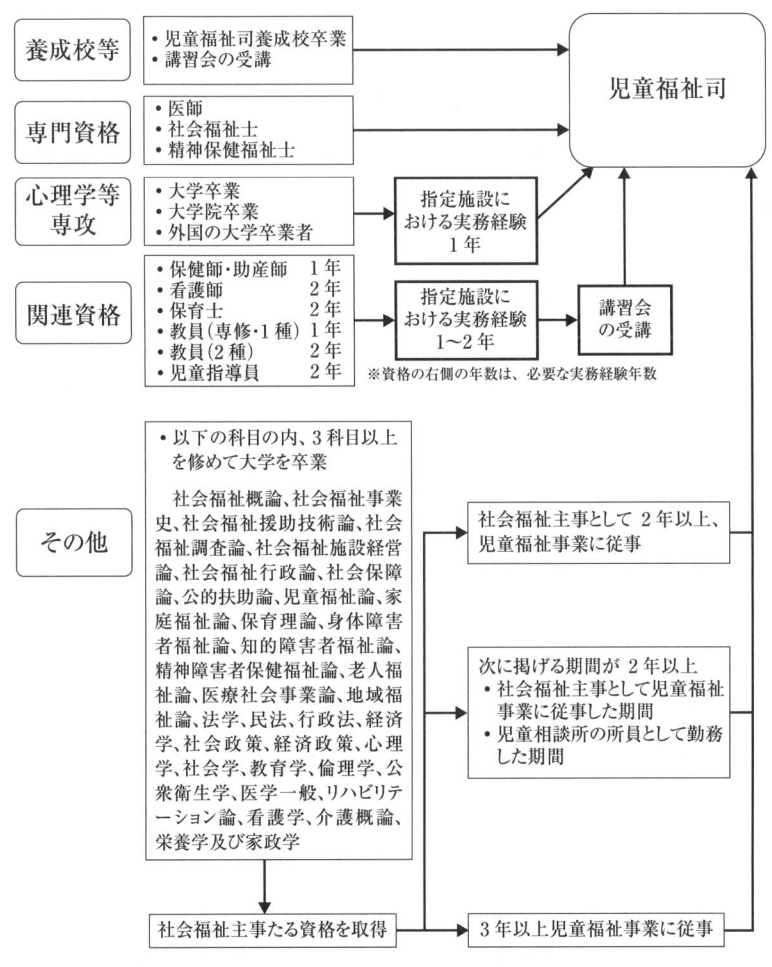

図 7-1 児童福祉司の任用資格要件について

（出典）厚生労働省「市町村・児童相談所における相談援助活動系統図」

事務所を設置する町村に、社会福祉主事を置く」とされ、都道府県、市町村の福祉事務所の現業員として任用される者に要求される資格とされている。また、その基礎的な性格から社会福祉施設職員等の資格に準用されている。資格要件については、同法第 19 条において「社会福祉主事は、都道府県知

表7-2　社会福祉主事について

| 行政 | 福祉事務所 | 現業員、査察指導員、老人福祉指導主事、家庭児童福祉主事［児童福祉事業従事2年以上等］、家庭相談員［児童福祉事業従事2年以上等］、母子相談員 |
|---|---|---|
| | 各種相談所 | 知的障害者福祉司［知的障害者福祉事業従事2年以上等］、身体障害者福祉司［身体障害者福祉事業従事2年以上等］ |
| | | 児童福祉司［児童福祉事業従事2年以上等］ |
| 社会福祉施設 | | 施設長、生活指導員　等 |

（出典）厚生労働省「社会福祉主事について」

　事又は市町村長の補助機関である職員とし、年齢20年以上の者であつて、人格が高潔で、思慮が円熟し、社会福祉の増進に熱意があり、かつ、次の各号のいずれかに該当するもののうちから任用しなければならない」と下記の5点の者が対象とされた任用資格とされている。この任用資格という意味は、その仕事に配置されて、はじめて社会福祉主事と名乗ることのできる資格である。

　①大学、専門学校において、厚生労働大臣の指定する社会福祉に関する科目を修めて修了した者

　②厚生労働大臣の指定する養成機関または講習会の課程を修了した者

　③社会福祉士

　④厚生労働大臣の指定する社会福祉事業従事者試験に合格した者

　⑤前各号に掲げる者と同等以上の能力を有すると認められる者として厚生労働省令で定める者（実際には、精神保健福祉士および、社会福祉に関する科目を修めた大学を卒業し、大学院に入学を許可された者）

　社会福祉主事とは、その職務内容としては、社会福祉六法についての援護、育成の措置に関する事務をする。表7-2のような職種が、この社会福祉主事任用資格を必要とするとされている。

## 第2節　社会的養護を支える専門職Ⅱ（児童福祉施設での専門職）

### 1　保　育　士

　児童福祉施設での専門職の多くは、保育士である。この保育士は、その淵源を探ってみると、法的には戦後に誕生していることがわかる。それは、児童福祉法草案の作成過程の中で、その当時の社会的背景を受けて児童保護施設の整備が進められ、普通児童保護施設の1つとして保育所が考えられた。その中にあった「保育婦」が「保母」という経過をたどることになる。1948年に施行された「児童福祉施設最低基準」の中に保育所運営の詳細と「保母」について規定されている。

　その後、女性の職業とされていた保母が、1977（昭和52）年に男性も取得可能となり、「男性の保母」すなわち「保父」が登場してくることになる。そして当時について、「国民の福祉の動向」によると以下のように記されている。「男子の保育従事者が着実に保育の現場に定着していること。育児は夫婦が一緒に行うべきものであり、家庭に代わり乳幼児を保育する保育所においても、男子の進出を一層進める必要があること」等から、1998（平成10）年の児童福祉法施行令の改正で、1999（平成11）年4月から「保育士」という名称に改められた。

　その後、ベビーホテルでの乳幼児死亡事件等の問題を中心として、保育に携わる専門職の国家資格化が台頭し、2001（平成13）年児童福祉法が改正され、保育士資格が、任用資格から名称独占資格へと改められた。2003（平成15）年11月に施行されたことによって「国家資格」となり、保育士の質の担保が図られることとなった。

　保育士の法的定義は、児童福祉法第18条の4によると「保育士とは、第18条の18第1項の登録を受け、保育士の名称を用いて、専門的知識及び技術をもつて、児童の保育及び児童の保護者に対する保育に関する指導を行うことを業とする者をいう」とされる。ここでの第18条の18とは、「保育士となる資格を有する者が保育士となるには、保育士登録簿に、氏名、生年月

日その他厚生労働省令で定める事項の登録を受けなければならない」とされ、保育士資格を有する保育士は、都道府県に備えられた保育士登録簿に登録され、都道府県知事から保育士登録証を交付された者となる。この保育士資格を有する者になるためには、指定保育士養成施設を卒業した者、また1年に前期・後期の2回行われる保育士試験に合格した者とされている。

　保育士としての職務内容を、前述のように、児童への保育とその保護者に対する指導との両側面を担う者と位置づけたのである。

　保育士の専門性について、「保育所保育指針」では、「保育所における保育士は、児童福祉法第18条の4の規定を踏まえ、保育所の役割及び機能が適切に発揮されるように、倫理観に裏付けられた専門的知識、技術及び判断をもって、子どもを保育するとともに、子どもの保護者に対する保育に関する指導を行うものであり、その職責を遂行するための専門性の向上に絶えず努めなければならない」とされている。つまり、保育士は、乳幼児に対しての保育実践とその保護者への支援の両側面を担うことになる。そのとき、子どもを保育していくためには、子どものあらゆる生活部面についての知識、技術、子どもの健やかな成長発達を援助するための専門的技術、子どもを取り巻くあらゆる環境に対しての知識やそれを活用する技術、およびそれらを支える専門職としての倫理観を涵養する必要がある。また、子どもの保護者への、子育てに関する知識や技術面での支援を行うことをその使命として、その職責を果たすために絶えず専門性の向上を目指して研鑽を積むことが不可決であるとされているのである。換言すると保育実践に専門的知識と、専門的技術、専門的判断基準（専門職としての倫理観）等によって保育が行われなければならない。また保護者に対してもそれらの専門性を持って、指導しなければならないということができる。そしてさらに具体的には、「保育所保育指針解説書」（2012年）において、6点が挙げられている。

　①子どもの発達に関する専門的知識を基に子どもの育ちを見通し、その成長・発達を援助する技術。

　②子どもの発達過程や意欲を踏まえ、子ども自らが生活していく力を細やかに助ける生活援助の知識・技術。

③保育所内外の空間や物的環境、様々な遊具や素材、自然環境や人的環境を生かし、保育の環境を構成していく技術。

④子どもの経験や興味・関心を踏まえ、様々な遊びを豊かに展開していくための知識・技術。

⑤子ども同士の関わりや子どもと保護者の関わりなどを見守り、その気持ちに寄り添いながら適宜必要な援助をしていく関係構築の知識・技術。

⑥保護者等への相談・助言に関する知識・技術。

（厚生労働省「保育所保育指針解説書」13 ページ）

上記に6点、具体的に保育士としての専門的知識・技術が挙げられているが、とくに、日々社会的養護の諸施設での実践においては、「常に自己を省察し、状況に応じた判断をしていくことは、対人援助職である保育士の専門性として欠かせない」と「保育所保育指針解説書」にあるように、自らの価値観、これらの知識・技術にとってその基盤となるべき、保育を実践するための倫理観に基づいた判断基準が重要となってくると考えられる。

## 2　児童指導員

児童福祉施設では、保育士資格を有している者は保育士と称するが、それ以外は、児童福祉施設での直接指導職員を児童指導員（指導員）としている。「児童福祉施設の設備及び運営に関する基準」（以下、基準とする）第43条によると、児童指導員の資格は、児童福祉施設職員を養成する学校などを卒業した者や、大学、大学院、海外の大学等で社会福祉学や心理学、教育学、そして社会学などの諸課程を修めた卒業者、社会福祉の専門職資格である社会福祉士、精神保健福祉士、さらに高等学校を卒業し、3年間の実務経験を積んで都道府県知事が適当と認めた者など、10項目のどれかに該当した場合に、児童指導員として直接業務を行うことができる。

この児童指導員は、「児童指導員任用資格」であり、その仕事に就いた場合に、児童指導員として称することになる。また前述のように、社会福祉主事任用資格がその要件に準用されている。

業務内容は、基準の第44条では、「児童に対して安定した生活環境を整え

るとともに、生活指導、学習指導、職業指導及び家庭環境の調整を行いつつ児童を養育することにより、児童の心身の健やかな成長とその自立を支援することを目的として行わなければならない」として、その業務である養護内容を規定している。換言すると、①安定した生活環境を提供すること、基準の第45条では「児童の自主性を尊重しつつ、基本的生活習慣を確立するとともに豊かな人間性及び社会性を養い」とあるように、②入所児を取り巻く環境の調整を行いつつ児童を養育すること、③心身の健やかな成長として、身体的、心理的なケアを行い、④自立を支援すること、の4点と理解することができる。

## 3　母子支援員

　母子支援員とは、母子生活支援施設において母子の生活支援を行う者をいう。基準の第27条第5項では「母子支援員の数は、母子10世帯以上20世帯未満を入所させる母子生活支援施設においては2人以上、母子20世帯以上を入所させる母子生活支援施設においては3人以上とする」としている。業務の内容としての生活支援は、母子の私生活の尊重と自立の促進を目的として、「親子関係の再構築等及び退所後の生活の安定が図られるよう、個々の母子の家庭生活及び稼働の状況に応じ、就労、家庭生活及び児童の養育に関する相談、助言及び指導並びに関係機関との連絡調整を行う等の支援」をすることであると基準の第29条にある。つまり、母子の生活の尊重と自立促進を行うために、その母子の生活状況、環境が安定するように、相談、助言を行い、各方面の関係機関との密接な連携の基盤として、連絡調整を行うことがおもな業務ということができる。

## 4　児童自立支援専門員・児童生活支援員

　児童自立支援施設においての専門職員としては、基準の第80条では、「児童自立支援専門員（児童自立支援施設において児童の自立支援を行う者をいう。）、児童生活支援員（児童自立支援施設において児童の生活支援を行う者をいう。）」とあるように、児童の自立支援と生活支援の両面から支援する専門職員が配置され

ている。

　児童自立支援専門員となるための任用資格は以下のようである。精神保健に関しての知識のある医師、社会福祉士、児童自立支援専門員を養成する学校、養成施設を卒業した者、大学または大学院、および海外の大学において、社会福祉学、心理学、教育学もしくは社会学を専修する学科や課程を卒業し1年以上児童自立支援事業に従事した者、高等学校を卒業し3年以上児童自立支援事業に従事した者、また中等教育学校の教諭で、1年以上児童自立支援事業に従事した者または2年以上教員としてその職務に従事した者等々（基準第82条）。

　上記のように、非常に幅広い範囲の資格要件が定められ、児童自立支援事業に従事した者という実践経験者をその要件に入れている。

　一方、児童生活支援員としての任用資格としては、保育士、社会福祉士や3年以上児童自立支援事業に従事した者となっている（基準第83条）。

　上記のように、児童自立支援専門員は、自立支援という視点から、児童生活支援員は、おもに生活支援という視点から支援を行っているのである。そして、その目的としては「児童自立支援施設における生活指導及び職業指導は、すべて児童がその適性及び能力に応じて、自立した社会人として健全な社会生活を営んでいくことができるよう支援することを目的として行わなければならない」（基準第84条）、そして、必要がある場合、学校教育法の規定に従った学習指導要領の学科指導を行うとされ、個々の入所児童に合わせて生活指導、職業指導、学科指導および家庭環境の調整等の生活全般に対しての指導を行っているということができる。

## 5　家庭支援専門相談員

　家庭支援専門相談員（ファミリーソーシャルワーカー）は、「社会福祉士若しくは精神保健福祉士の資格を有する者、児童養護施設において児童の指導に5年以上従事した者又は法第13条第2項各号のいずれかに該当する者でなければならない」としてその任用資格を規定している（基準第42条第2項）。その各号とは、「①厚生労働大臣の指定する児童福祉司若しくは児童福祉施設

の職員を養成する学校その他の施設を卒業し、又は厚生労働大臣の指定する講習会の課程を修了した者、②学校教育法に基づく大学又は旧大学令に基づく大学において、心理学、教育学若しくは社会学を専修する学科又はこれらに相当する課程を修めて卒業した者であつて、厚生労働省令で定める施設において1年以上児童その他の者の福祉に関する相談に応じ、助言、指導その他の援助を行う業務に従事したもの、③医師、③の2　社会福祉士、④社会福祉主事として、2年以上児童福祉事業に従事した者、⑤前各号に掲げる者と同等以上の能力を有すると認められる者であつて、厚生労働省令で定めるもの」として、以上のように児童福祉司の規定を準用している。業務内容として厚生労働省雇用均等・児童家庭局通知（以下、雇児発）0405第11号では、以下の内容となる。

(1)　対象児童の早期家庭復帰のための保護者等に対する相談援助業務

　　①保護者等への施設内又は保護者宅訪問による相談援助

　　②保護者等への家庭復帰後における相談援助

(2)　退所後の児童に対する継続的な相談援助

(3)　里親委託の推進のための業務

　　①里親希望家庭への相談援助

　　②里親への委託後における相談援助

　　③里親の新規開拓

(4)　養子縁組の推進のための業務

　　①養子縁組を希望する家庭への相談援助等

　　②養子縁組の成立後における相談援助等

(5)　地域の子育て家庭に対する育児不安の解消のための相談援助

(6)　要保護児童の状況の把握や情報交換を行うための協議会への参画

(7)　施設職員への指導・助言及びケース会議への出席

(8)　児童相談所等関係機関との連絡・調整

(9)　その他業務の遂行に必要な業務

## 6　里親支援専門相談員

　里親支援専門相談員は里親委託の推進と里親支援の充実を目的として、乳児院、児童養護施設に配置されている。その任用資格要件は、「里親支援専門相談員は、社会福祉士若しくは精神保健福祉士の資格を有する者、児童福祉法第13条第2項各号のいずれかに該当する者又は児童養護施設等（里親を含む。）において児童の養育に5年以上従事した者であって、里親制度への理解及びソーシャルワークの視点を有するものでなければならない」とされている（雇児発0405第11号）。

　具体的業務内容は、以下の9点である。

①里親の新規開拓

②里親候補者の週末里親等の調整

③里親への研修

④里親委託の推進

⑤里親家庭への訪問及び電話相談

⑥レスパイト・ケアの調整

⑦里親サロンの運営

⑧里親会の活動への参加勧奨及び活動支援

⑨アフターケアとしての相談

　この里親支援専門相談員は、都道府県知事等の指定を受けた施設に配置される。本通知には、以下の2点の留意事項が加えられている。

①里親支援専門相談員は、児童と里親の側に立って里親委託の推進と里親支援を行う専任の職員とし、施設の直接処遇職員の勤務ローテーションに入らないこと。

②里親支援専門相談員は、必要に応じて、施設の所在する都道府県等の所管区域を越えて里親支援を行うことができる。

　里親支援専門相談員は、里親支援という専門的支援を行うために専従として配置されている。その背景には、今後の児童養護の方向性を従来の施設的養護を中心とした養護から、本来の家庭に近い処遇へと変換する役割が期待されているということができる。

## 7　個別対応職員

　個別対応職員は、「虐待を受けた児童等の施設入所の増加に対応するため、被虐待児等の個別の対応が必要な児童への1対1の対応、保護者への援助等を行う職員を配置し、虐待を受けた児童等への対応の充実を図ることを目的」として、児童養護施設、乳児院、児童心理治療施設、児童自立支援施設、および母子生活支援施設などに配置されている。その具体的な業務内容としては以下の4点とされている（雇児発0405第11号）。

　①被虐待児童等特に個別の対応が必要とされる児童への個別面接

　②当該児童への生活場面での1対1の対応

　③当該児童の保護者への援助

　④その他

## 8　職業指導員

　職業指導員は、「勤労の基礎的な能力及び態度を育て、児童がその適性、能力等に応じた職業選択を行うことができるよう、適切な相談、助言、情報の提供、実習、講習等の支援により職業指導を行うとともに、就労及び自立を支援することを目的とする」している（雇児発0405第11号）。

　とくに実習設備が設置されている児童養護施設や児童自立支援施設に配置されている。

　職業指導員を配置しようとしている施設の申請によって都道府県知事等が年度ごとに指定する。1か所につき1人分を加算される。

　また、配置ができない場合として、以下の4点が挙げられている。

　①指導のための準備を含めた職業指導に係る総活動時間が常勤職員として相応しくない場合（他の職種を兼務している等）

　②指導が必要となる対象児童が少ない場合

　③指導内容が学校教育における指導か塾等に通うことで得ることが一般的な場合（英会話、パソコンの資格取得、調理業務など）

　④直接処遇職員を兼務し、勤務ローテーションに入っている場合

## 第3節　社会的養護を支える専門職Ⅲ（他分野からの専門職）

### 1　医療的ケアを実施する専門職員

#### 1) 医　　師

医師は、医師法の第1条、第2条、第6条を見てみると、「医師は、医療及び保健指導を掌ることによつて公衆衛生の向上及び増進に寄与し、もつて国民の健康な生活を確保するものとする」とされ、医師国家試験に合格した者の申請によって医籍に登録することによって、厚生労働大臣からの免許を受けた者である。また医師法第11条によると医師国家試験を受験するには、大学において医学の正規の課程を修めて卒業した者、外国の医学校を卒業した者、および医師国家試験予備試験に合格し、1年以上の診療および公衆衛生に関する実地修練を経た者とされている。

つまり、医師になるためには、医科のある大学において、医学の課程を修了し卒業した者や、予備試験合格者、および外国の医学校を卒業した者または医師免許を得た者で、厚生労働大臣が適当と認めた者ということになる。そして、医師だけが医業を行うことができる業務独占の免許である。社会的養護についてとくに、（助産施設）、医療型障害児入所施設、医療型児童発達支援センター、児童心理治療施設では、医療法の規定の診療所等となり、医師が常勤として必要となる。その他必要な職員、設備等も必要とされている。また、嘱託医を置かなければならない施設としては、児童養護施設、母子生活支援施設、福祉型障害児入所施設、福祉型児童発達支援センターなどがある。

一方乳児院については、小児科診療に相当の経験を有する医師もしくは嘱託医を置かなければならないとされ、児童自立支援施設では、嘱託医および精神科の診療に相当の経験を有する医師または嘱託医となっている。

#### 2) 看　護　師

看護師は、保健師助産師看護師法第5条において、「『看護師』とは、厚生労働大臣の免許を受けて、傷病者若しくはじよく婦に対する療養上の世話又

は診療の補助を行うことを業とする者をいう」とされ、看護師国家試験に合格した者の申請により看護師籍の登録をし、厚生労働大臣の免許を受けた者をいうとされている。

　つまり、看護師は、妊産婦や疾病者のお世話と、医師等による診療補助を行う専門職である。配置を義務づけられている施設は、乳児院、児童養護施設、自閉症児・肢体不自由児を入所させる福祉型障害児入所施設、重症心身障害児を通わせる福祉型児童発達支援センター、医療型児童発達支援センター、児童心理治療施設などである。

　この医療的ケアを担う看護師の業務内容としては、以下の通りとされている。(雇児発0405第11号)

①対象児童の医療的ケア及び緊急時における対応等

②医師または嘱託医との連携

③常備薬の管理及び与薬

④病欠児及び早退児の観察

⑤入所者の健康管理及び身体発達上の相談への対応

⑥対象児童の医療機関への受診及び行事への付添

⑦入所者の健康上の相談への対応

⑧感染予防

⑨緊急時における医療機関との連絡調整

⑩その他医療的ケアのために必要な業務


## 2　心理学を専門とする職員

### 1）児童心理司

　児童心理司は、児童相談所において心理判定の業務に従事する任用資格である。「心理学を専修する学科及び相当する課程を修めて卒業した者」に任用される資格であり、児童心理司の業務内容としては、以下の2点とされている (児童相談所運営指針)。

①子ども、保護者等の相談に応じ、診断面接、心理検査、観察等によって子ども、保護者等に対し心理診断を行うこと。

②子ども、保護者、関係者等に心理療法、カウンセリング、助言指導等の指導を行うこと。

### 2）心理療法担当職員

心理療法担当職員は、「学校教育法の規定による大学の学部で、心理学を専修する学科若しくはこれに相当する課程を修めて卒業した者であつて、個人及び集団心理療法の技術を有するもの又はこれと同等以上の能力を有すると認められる者でなければならない」としている（基準第42条第4項）。児童養護施設、乳児院、母子生活支援施設等に配置されている。

また、同様に、児童自立支援施設にも心理療法担当職員が配置されているが、その資格要件については、「学校教育法の規定による大学の学部で、心理学を専修する学科若しくはこれに相当する課程を修めて卒業した者又は同法の規定による大学の学部で、心理学に関する科目の単位を優秀な成績で修得したことにより、同法第102条第2項の規定により大学院への入学を認められた者であつて、個人及び集団心理療法の技術を有し、かつ、心理療法に関する1年以上の経験を有するものでなければならない」（基準第80条第4項）。つまり、大学院のある大学で、心理学に関する成績が優秀で、文部科学大臣の定める年数以上在学した者が、大学院に入学でき、心理療法についての技術を有し、1年以上の心理療法についての経験を持つ者が、その要件の中に組み入れられている。

心理療法担当職員としての業務内容は、以下の5点とされている（雇児発0405第11号）。

①対象児童等に対する心理療法

②対象児童等に対する生活場面面接

③施設職員への助言及び指導

④ケース会議への出席

⑤その他

## 3　栄養士・調理員

栄養士は、栄養士法によると「都道府県知事の免許を受けて、栄養士の名

称を用いて栄養の指導に従事することを業とする者」（第1条）とされ、都道府県知事が栄養士名簿に登録することによって、栄養士免許証が交付される名称独占の免許である。

　乳児院においては、栄養士が配置されているが、児童数が40人以下の児童福祉施設の場合は栄養士を置かなくてもよいとされている。

　一方調理員は、調理業務に従事する者ということで、とくに任用のための資格等は必要ではない。また乳児院を含む児童福祉施設の場合、調理業務の全部を委託する施設の場合では、調理員を置かなくてもよいとされている。

## 第4節　これら専門職を支える仕組みと人たち

### 1　仕組みとしての第三者評価事業

　社会福祉法第78条では、「社会福祉事業の経営者は、自らその提供する福祉サービスの質の評価を行うことその他の措置を講ずることにより、常に福祉サービスを受ける者の立場に立つて良質かつ適切な福祉サービスを提供するよう努めなければならない。2　国は、社会福祉事業の経営者が行う福祉サービスの質の向上のための措置を援助するために、福祉サービスの質の公正かつ適切な評価の実施に資するための措置を講ずるよう努めなければならない」とされている。まず社会福祉事業の経営者は、自ら福祉サービスの質の評価を行い、常に良質かつ適切な福祉サービスを提供するように努力することがうたわれている。国がこれらの福祉サービスを提供している事業の経営者を援助するために、公正かつ適切な評価ができるように事業者、利用者以外の第三者機関が、公正かつ中立な立場から評価が行えるようにするために第三者評価事業を任意で受けることができるようにした仕組みがある（表7-3、図7-2）。

　しかしながら、社会的養護関係施設について、2012（平成24）年厚生労働省雇用均等・児童家庭局長通知で第三者評価が義務化された。その趣旨として通知では、子どもが施設を選ぶ仕組みでない措置制度等であり、また、施設長による親権代行等の規定もあるほか、被虐待児等が増加し、施設運営の

表7-3　社会的養護関係施設についての第三者評価の仕組み

| | 社会福祉事業共通の第三者評価の仕組み（平成16年通知） | 社会的養護関係施設についての第三者評価の特別の仕組み（平成24年通知） |
|---|---|---|
| 受審 | 規定なし（受審は任意） | 3年に1回以上受審しなければならない |
| 評価基準 | 都道府県推進組織が策定した評価基準 | 全国共通の第三者評価基準。ただし、都道府県推進組織が独自に策定可能 |
| 評価機関 | 都道府県推進組織が認証した評価機関 | 全国推進組織が認証した評価機関（全国で有効）ただし、都道府県組織が認証した評価機関も可能 |
| 認証要件 | 福祉サービス第三者評価機関認証ガイドラインに基づいて都道府県推進組織が策定した第三者評価機関認証要件に基づき認証を行う。 | 全国推進組織の認証の場合は、①社会福祉事業一般の評価のための都道府県認証を受けた評価機関については、<br>・全国推進組織の行う社会的養護評価調査者研修を終了<br>・更新時には、3年で10か所以上の実施実績と評価の質が要件<br>②未認証の機関については、<br>・①＋第三者評価機関認証ガイドラインによる要件<br>都道府県推進組織の認証の場合は、<br>・都道府県推進組織の行う社会的養護評価調査者研修<br>・更新時には、一定以上の実績と評価の質が要件 |
| 研修 | 都道府県推進組織は、評価調査者養成研修及び評価調査者継続研修を行う。 | 全国推進組織は、社会的養護の施設に係る評価調査者養成研修及び評価調査者継続研修を行う。ただし、都道府県推進組織の認証の場合は都道府県推進組織が研修を行う。 |
| 利用者調査 | 利用者調査を実施するよう努める。 | 利用者調査を実施する。 |
| 結果公表 | 公表することについて事業所の同意を得ていない第三者評価結果については、公表しない。 | 全国推進組織が、評価機関から報告を受け、評価結果を公表する。なお、都道府県推進組織でも重ねて公表可能 |
| 自己評価 | 規定なし（自己評価は任意） | 毎年度、自己評価を行わなければならない |

（注）「全国推進組織」は、全国社会福祉協議会。
（出典）「社会的養護関係施設の第三者評価等について（概要）」

　質の向上が必要であることから、第三者評価の実施を義務付けることとした、としている。換言すると、社会的養護関係施設の利用者である子どもが施設を選ぶという仕組みでない措置制度であり、その施設の施設長による親権代行等の規定がある。近年の子どもたちについて見てみると、被虐待児が増加し、施設運営の質の向上が必要であるという認識から、第三者評価の実施が

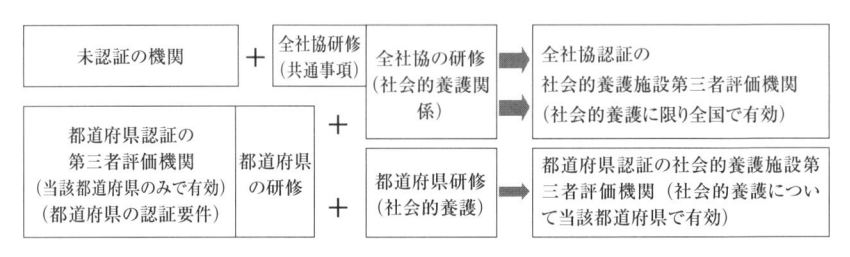

図7-2　社会的養護関係施設の第三者評価機関の認証について

（出典）「社会的養護関係施設の第三者評価等について（概要）」

義務づけられたということができる。

　そして、定期的に第三者評価を3年に1回以上受け、その結果の公表を義務づけており、その間の年には、自己評価を行わなければならないとしている。

## 2　評価機関について

　社会的養護関係施設第三者評価機関については、従来の第三者評価機関の認証とは異なる。全国推進組織（全国社会福祉協議会）が実施する評価調査者養成研修の受講、修了した調査者が在籍していることが必要である。認証の更新時には、その3年間で10か所以上の評価を実施し、全国推進組織が行う更新研修を受講し修了した評価調査者が在籍していることが要件となる。この認証機関は、全国で有効である。また都道府県の認証もあり、当該の都道府県において社会的養護評価調査者研修を行うとされている。

　従来の社会的養護は、それぞれの施設ごとに処遇理念が構築され、その理念に基づいてそれぞれの施設ごとでの生活支援が行われてきた歴史的な経過があった。しかしながら、2012年3月に、社会的養護の施設ごとおよび里親家庭、ファミリーホーム等の運営指針が発表され、社会的養護の基本的理念が示されたのである。それを受けて各社会的養護施設や里親等の支援が適切かどうかを第三者からの客観的な判断がなされることとなったのである。その第三者は、上記研修を修了した者が評価調査者として評価を行うことによって、全国の社会的養護で行われる処遇の向上と、児童の最善の利益の尊

重を実践し得るシステムとして導入されたということができ、入所児童の
QOL の向上、すなわち生活の質の向上を推進することができると考えられる。


〈演習問題〉
1　各児童福祉施設で入所児童に対して、それぞれの専門職員がどのような支援
　活動をしているのかについて具体的に考えてみよう。
2　児童福祉施設での直接処遇職員との連携の在り方を通して、児童福祉施設の
　機能、役割について考えてみよう。

〈引用・参考文献〉
山縣文治（2002）『現代保育論』ミネルヴァ書房
厚生労働省（2014）「社会的養護の現状について」
厚生労働省（2014）「社会的養護の課題と将来像の取組状況」
厚生労働省子育て支援員（仮称）研修制度に関する検討会（2014）「第 1 回専門
　研修ＷＴ（社会的養護）」資料 4 - 2「社会的養護における職種別任用要件等」
厚生労働省雇用均等・家庭児童局長通知（2012）「家庭支援専門相談員、里親支
　援専門相談員、心理療法担当職員、個別対応職員、職業指導員及び医療的ケ
　アを担当する職員の配置について」
厚生労働省雇用均等・児童家庭局家庭福祉課長通知（2012）「社会的養護関係施
　設における第三者評価基準の判断基準等について」
第 1 回保育士養成課程等検討会（2009）「保育士養成関係資料」参考資料

# 第8章

# 社会的養護を巡る諸課題

　この章では、前章までで述べてきた社会的養護の全体像を踏まえて、とくに読者に考察を深めてもらいたい内容に関して、ワンテーマをコラムとして取り上げる。テーマは、各執筆担当者の問題意識に基づき設定した。したがって、コラムで論じられている中身は、必ずしも共著者の共通見解ではないことを断っておきたい。しかし、ここに名を連ねている執筆者は、社会的養護の幅広い領域において優れた知見を持つ者ばかりである。それぞれの意見を反映させていくことにより、本書が1つの論になり得るのではないかと考え、編著者の判断により、このような体裁をとった。

　本章には、社会的養護の分野において重要な課題が並んでいる。その課題をどのような視点から捉えればよいのかを、読者は学んでほしい。そして、自身の意見を整理するための資料として、本章が活用されることを願っている。

（編著者）

# 1　子どもの貧困と所得再分配

　第4章において、子どもの貧困は「貧困の中で育つ子どもに様々な影響を与えるばかりではなく、その不利は次の世代にも受け継がれていく」という指摘があるように、「貧困の連鎖、固定化は、社会の安定を失わせる」（朝日新聞 2013年5月18日）ことにつながる。したがって、「子どもの貧困対策の推進に関する法律」（2013年）が理念として掲げる「子どもの将来がその生まれ育った環境によって左右されることのない」社会の実現は、待ったなしの課題である。

　子どもの貧困は、すなわち親（保護者）の貧困を意味する。親の収入が少ないことが原因で、衣食住や医療、教育など子どもの成長に不可欠な生活上の基盤が"破壊"されているのだ。ここでは、親の貧困にフォーカスし、子どもの貧困が生じている社会背景について考えてみたい。

　総務省「労働力調査」の長期時系列データ（2014年11月11日公表）によると、非正規労働者（パート・アルバイト・派遣社員・契約社員）が700万人台に達したのは1987年である。その後も歯止めはかからず、1995年に1000万人台を記録する。2017年11月時点で2050万人に達している。この20年で倍増したことになる。中野麻美（2006）の言葉を借りるならば、「雇用の液状化」が著しい。

　このような状況が拡大していったのは、1985年に成立し、翌年施行された「労働者派遣法」に起因すると筆者は考える。以降、労働力の供給として違法だった労働者派遣が、原則全業種で合法となった。その背景には、グローバリゼーションのもとで進められた1980年代以降の規制緩和がある。非正規労働者は、実質的な解雇を意味する「雇い止め」を通して、いわば企業の雇用調整弁となってきた。

　非正規労働者を巡る近年の変化は、家計の自立化（非正規雇用でありながら、生計の担い手となっていること）と雇用の基幹化・過酷化（非正規雇用でありながら、職場において重責を担わされていること）にあると、NPO法人POSSE代表の今野晴貴（2014）は指摘する。今野のもとに寄せられた非正規労働者からの相談の中には、「パートで保育園に勤務していたが、もともと朝9時からの勤務の約束が、実際には朝7時半からになり、また、土曜日にはシフトを入れないはずが、土曜日にも出勤を強制された。（相談者自身の）子どもが肺炎になったときも、病欠を取らせてもらえなかった」という例まである。

　以上のことからわかるように、非正規雇用が「労働の劣化」を招く主因となっており、雇用の不安定、低賃金、雇用の基幹化・過酷化が非正規労働者の生活を貧困へと転落させている。それは、子どもがいる世帯にとっては、「子どもの貧困」を意味する。子どもの貧困を解消するためには、まずは深刻化する非正規雇用の問題に手をつけなければならない。

　国家によって国民の富や所得の再配分を行うことを、「所得再分配」という。2006年4月6日付のしんぶん赤旗が、これについてわかりやすく説明しているので引用すると、「大企業や高額所得者など所得の大きいところにはより多く税

負担してもらい、それを社会保障給付などの形で渡すことで、所得の低い人も生活できるようにすること」である。この所得再分配が適正に機能していれば、憲法が保障する「健康で文化的な最低限度の生活」以下の状態にある人は存在しないはずだ。

　所得再分配後は、富が低所得者に対して社会保障給付などを通じて配分され、その結果生活格差が縮まり、当然のことながら、貧困率も改善される。ところが、わが国においては、再分配後の貧困率の方が、再分配前の貧困率よりも高い（阿部 2008）という。以上から、所得再分配が機能不全を起こしている状況がわかる。

　その具体的な例を、武田知弘（2012）が挙げているので、引用しておきたい。それは、「トヨタ自動車社長の実質的税負担率は、労働者より低い！」というものである。「トヨタ自動車の社長である豊田章男氏の 2010 年の収入は、約 3 億4000 万円である。そして、彼が負担する所得税と社会保険料の合計は 5438 万円である。住民税を含めても、負担率は約 21％にすぎない。これに対して、2010年の給与所得者の平均年収は約 430 万円。この人たちが負担している税金と社会保険料の合計は 149 万円。収入に占める割合は、実に約 35％である。つまり、年収 3 億 4000 万円の社長よりも平均的給与所得者のほうが、負担する税率は高い」と武田は指摘する。ここでは、国民の義務負担である社会保険料を実質的な税負担と見なしている。税負担率 21％と 35％を比べたとき、どちらの負担が大きいかは、誰の目にも明らかであろう。したがって、累進課税を強めていくべきだが、現実には課税が強化されているのは、むしろ中・低所得者に対してである。この是正なくして、子どもの貧困問題の根本的解決は図れない。

　毎日放送が 2012 年 11 月 18 日に放送した「保健室からの SOS ─子どもに広がる貧困の実態─」は、深刻な内容だった。大阪市内の公立小学校の養護教諭が、保健室を通して把握した貧困家庭の子どもの実情が赤裸々に映し出される。低賃金のため深夜まで働かざるを得ない母と 2 人で生活し、十分な食事をとれないまま登校する子どもが、朝一番で保健室のドアをたたく。見かねた養護教諭は、給食で残ったパンを子どもに食べさせる。「しんどい」「だるい」「遊びたくない」「ほーっとしていたい」などの子どもの訴えは、健全な子どもの成長の姿からは程遠い。学校でケガをしても、低所得のため医療費の負担が困難なことから、親は受診をためらう。家族は子どもにとって成長および福祉のための環境（児童の権利に関する条約前文）であるが、貧困が原因で家族はそのように機能していない。

　いうまでもなく、貧困に苦しむ子どもの救済は喫緊の課題だ。同時に「非正規雇用の規制」や「所得再分配機能の強化」を中心とした対策も急がれる。

### 〈引用・参考文献〉

阿部彩（2008）『子どもの貧困─日本の不公平を考える─』岩波書店

今野晴貴「非正規労働者 2000 万人時代」『週刊金曜日』2014 年 11 月 21 日号

武田知弘（2012）『税金は金持ちから取れ』金曜日

中野麻美（2006）『労働ダンピング─雇用の多様化の果てに─』岩波書店

## 2　女性の貧困

　政府は女性の活用を「成長戦略の中核」と位置づけ、女性が輝くための政策として「待機児童の解消」「職場復帰・再就職の支援」「女性役員・管理職の増加」を打ち出してきている。女性が輝く、とはいうものの、世界経済フォーラム（World Economic Forum：WEF）による"男女平等（ジェンダー・ギャップ）指数ランキング（2017）"では日本は 144 か国中 114 位で、国際的に見ても男女の格差の大きい国である。項目別では経済活動の参加と機会が 114 位、教育が 74 位、健康と生存が 1 位、政治への関与が 123 位となっている。

　日本は女性が経済的に自立することが困難な国である。国税庁の 2016 年調査によると、女性の平均給与は 280 万円で、男性の 521 万円の約半分に留まり、年間 200 万円以下の者は、女性は 25％ にのぼるのに対し、男性は 7％ に留まる。また、20〜64 歳の単身女性では、所得が年 122 万円未満の人の割合である「貧困率」は 33.3％（2012 年）で、4 人に 1 人が貧困層である単身男性以上に厳しい状態である。貧困率は、65 歳以上の単身女性の場合、44.6％ と半数近くに跳ねあがる。「男女共同参画白書（平成 29 年版）」によると、所定内給与における男女格差は 2016 年については男性一般労働者の給与水準を 100 としたとき、女性一般労働者の給与水準は 73.0 と前年に比べて 0.8 ポイント縮小したという。しかしながら、OECD の調査によれば、すべての国で男性より女性の方が低賃金ではあるが、男女の賃金格差は日本は韓国についでワースト 2 位という不名誉な結果である。2016 年平均（速報）「労働力調査（詳細集計）」によれば、非正規の職員・従業員数は 2016 万人で、前年に比べ 36 万人増加しており、役員を除く雇用者に占める割合は 38％ であった。非正規の職員・従業員は男性で 22.1％、女性で 55.9％ を占めており、女性の場合、雇用者全体の半数を大きく上回って不安定な雇用関係のもとで働いている。非正規の職員・従業員は学生のアルバイトや主婦のパートタイマーがおもなものであったが、近年では家計の主たる所得稼得者として位置づけられる人も増えてきている。パート労働者の多くを占める女性パートの賃金総額は正規男性の 27.4％ にしか過ぎず、パート男性でも正規男性の 42.7％ という大きな格差がある（「平成 28 年分民間給与実態統計調査」）。正規と非正規の間のこのような大きな格差は国際的に見ても異常といわざるを得ない。

　わが国では、高度経済成長期以後に広まった「性別役割分業」意識が根強く残っており、結婚を前提に、男性が主たる家計を担い、女性がそれを補助するという位置づけで低賃金に置かれる傾向が強い。税や社会保障政策もこの考えのもとに成り立っており、妻の年収が 103 万円未満なら夫の所得税が安くなる「配偶者控除」、サラリーマンの妻が保険料なしで基礎年金を受けられる「第 3 号被保険者」の制度など、手厚い専業主婦優遇政策がとられている。1985 年に雇用の分野において男女を平等に扱うことを定めた「男女雇用機会均等法」が成立したが、その同じ年に「第 3 号被保険者」制度と「労働者派遣法」が成立した。男性並みの高拘束を余儀なく受け入れて働くエリート女性と、厳しい労働環境の中で家事や

育児を抱えての両立が困難で、やむなく退職していかざるを得ない女性や、そのような先輩女性の姿を見て、自らあきらめてパートやアルバイトの道を選ぶなど女性の分断が進んだ。

　女性は出産、育児などで就業継続が難しく、子育てなどで一度退職してしまうと、再就職しても非正規雇用にならざるを得ない傾向がある。非正規雇用はキャリアを積み上げることが難しく、女性の収入の低さや男性との賃金格差の要因になっている。さらに現役世代の雇用の安定性、賃金、職業能力形成の差が、高齢期の年金受給に多大な影響を及ぼしており、高齢女性の貧困とつながっている。

　今日では、未婚女性、離婚女性も増加しているが、わが国の労働市場では、男性が、家事や育児を妻に一任し、自分の時間の大半を仕事に捧げ、長時間労働や転勤も辞さないという「性別役割分業」の考えが一般的になっているため、家事・育児・介護などを担う（と期待されている）女性の立場は甚だ不利である。このように社会的に見て不利な立場にあるにもかかわらず、女性の貧困は見えにくいといわれる（竹信 2010）。低賃金ゆえに、ダブルワーク、トリプルワークで働かざるを得ず、声を上げて実情を訴える余裕がない。男性であれば路上生活などでその貧困が表に出やすいが、女性の場合、路上に出た場合の危険性（＝女性への暴力の問題）により、外食チェーン店やネットカフェなどで夜を明かすため、貧困が顕在化しにくいという。また、「女性は男性に養われるべき」といった社会通念により、女性の貧困は表にあらわれにくいといわれている。

　女性パートの多くを占める主婦パートは、妻の年収が 130 万円を超えると保険料を払わねばならなくなる「第3号被保険者」の制度により、その範囲で働こうとする主婦パートが増え、パートの賃金を上げようとする動きを封じ込める作用を果たすことになっている。

　主婦パートは夫の扶養を前提としているが、離婚などにより夫の扶養がなくなると、たいていの場合、子どもを抱えながら自活できる職を得ることも難しく、頼りにできる実家でもない限り、たちまち貧困状態に陥ってしまう、というケースはよく見られる。現代の日本では、父親や夫による扶養によるか、正規雇用によって生活するにたる職業を持たない限り、女性が生活していくことが困難である。「主婦（女性）の貧困は他の働き手の非正規化、貧困化の出発点となったものであり、その転換なしでは、他の貧困も解決できない」と竹信三恵子（2010）は述べている。性別や属性にかかわらず、一人ひとりが自立できる働き方を目指した貧困解決策、雇用政策が必要とされている。

### 〈引用・参考文献〉

竹信三恵子（2010）「女性の労働―貧困の現状と課題―」CGS Newsletter 013
竹信三恵子（2013）『家事労働ハラスメント―生きづらさの根にあるもの―』岩波書店

# 3 里親養育の特性と里親支援

　里親養育とは、社会的養護の必要な子どもに、地域社会で生活を営む里親が、自らの家庭を子どもの生活の場として提供し、家族の一員として迎え入れ、実親に代わって行う養育である。委託される子ども（以下、里子とする）にとっては、実親から離され、まったく知らない、しかもすでに一定の秩序や関係のでき上がっている他人の家庭の中で、知らない大人やその家族によって養育されることになる。こうした特性を里親養育は抱えるが、その特性から生じる多くの課題は里親・里親家庭、そして里子の双方にあり、両方を捉えていくことが重要である。

　ところで、里親養育の特性は大きく2つに分けて考えることができる。

　①里親の子育ては、多くは特有の困難さをともなう。それは、委託前の子どもの生活環境ならびに誕生時からでなく途中からの養育であること（生まれてから、乳児院、児童養護施設等を経て里親委託に至る事例では生活環境、主たる養育者を幾度も変えることになる）、里子の多くに実親がいること等に関係する。委託直後の子どもは、里母や里父など家族の一人ひとりがどういう人かわからない不安の中で混乱している。とくに虐待等の環境にあった子どもは、新しい家庭（里親家庭）でも自分が見捨てられるのではないか、里親等が自分に乱暴な行動をとるのではないかと大きな不安を抱えている。また、自分の寝起きする場所や食事の場所、里親・家族の居場所から近隣地域のことなど、新しい生活環境を覚えなければならず、1日を無事に過ごすことに緊張している。子どもの多くは、数日間は、聞き分けのよい子、愛嬌ある子等を演じて里親家族に受け入れられるようにふるまう。しかし、子どもにより始期や程度などは異なるが、ある程度周りが見えてきた段階で里親家庭が基本的に安全で安心できる居場所になるか、里親は自分のすべてを受け入れてくれる人かなど、子どもなりに里親の気持ちや限界を確かめる試し行動が始まる。几帳面できれい好きな里親家庭でタンスの中身を全部ひっくり返して部屋中にばらまく、パンツの中で大便する、食べ物で遊ぶ、過食など、里親が嫌がることや禁止することをあえてする。また、実親家庭では受け入れられず表現さえできなかった甘えや依存の感情・行為を里親に求める赤ちゃん返り、退行現象等もあらわれる。赤ちゃん言葉、哺乳瓶でミルクなどを飲みたがる、わがままになる、泣きわめくといった行為などである。里親は、こうした里子の気持ちを受けとめ、里子が抱える家族的な背景までも受け入れ、個別的で丁寧で愛情豊かな養育を積み重ねることで里親子関係を形成していく。そのほかにも、非常に幼いときに里親家庭に委託された子どもは、里親を実の親と信じている。子どもが小学校低学年のうちに、真実告知（産んでくれたお母さんが別にいることを伝える）をすべきであるが、いつ、どのようなタイミングで話すのか、子どもは、それをどう受けとめるか、これまでの里親子関係に悪い影響がないだろうかなど、あれこれと心配する。

　②里子の委託期間は18歳を原則とするが、短期間の子どももいれば、長期にわたる子どももいる。また、実親との交流が頻繁な里子とまったく交流のない里

子も1つの家庭で一緒に生活することがある。実親家庭の事情も委託前とは変化することもある。交流がある子もない子も、心中は穏やかでない。里親は、子どもの実親に対する思い・期待、心の揺れに対して個別に細かに対応している。このように里親は、生活場面で親（代行者）として子どもを育てる存在でありつつ、常に子どもの実親を意識し、実親支援をするという2つの行為者の立場にある。このことは、里子にとっても同様であり、実親と里親の2人の親を持ち、実親との関係性と里親との関係性を抱え、アイデンティティの形成に悩みを抱える。

　こうした養育の特性から生じる様々な課題に対応するために、里親家庭は、家族全員、さらにはその親族までも、里子の受け入れを認め、協力する集団であることが求められる。ただし、里親家族とて、一般家庭と同じく、家族員の病気、失業、子どもの受験、進学、結婚等の問題が生じるのは自然なことであり、その意味で決して安定的で持続的な養育環境とはいえないことが多い。また、実子と里子の関係に矛盾が生じたときや、里子の行為が家族に重大な影響を与える等の問題が発生した場合、どう問題を解決していくのかなどが大きな課題であり、地域社会の支援が求められる点である。

　こうした里親・里子の抱える困難さの研究、認知等も進み、里親支援機関事業の創設など里親支援システムが整備されてきた。しかし、里親委託の継続が困難になり、委託解除する事例も少なくない。また件数は少ないが、里親による里子への虐待も発生している。前述したように日常的に子どもの養育は、対処の難しい事態に直面することもある。里親子の SOS サイン、「こまったな」のサインに適切かつ迅速に対処できる仕組みが必要である。市町村の家庭児童相談室など児童家庭相談機関は、地域のこと、地域にある様々な子育て支援に関する社会資源をよく知っている。こういった機関等での継続的な見守り、応援・援助できる里親子の支援環境整備の充実を図る必要がある。また、保育所・幼稚園、小学校等は、子どもが日中の大半を過ごす場であり、子どもの状態やその変化に気づくことができる。里子と実親との交流前後における子どもの不安や期待といった心の揺れや言動の異変等に、保育士や教諭がいち早く気づき、里親等と連携して里子を支えられる。こういった施設において里親制度、里親養育の理解等を促す必要がある。

　したがって、里子がよく育つには、里親支援機関事業を柱としつつ、里親子の抱える困難さを理解したうえで、地域の住民の応援・見守り、密な連携等のもとに地域社会の資源を生かした総合的な支援が里親や里子双方に行われる必要がある。

〈引用・参考文献〉

鈴木裕子・工藤有子・塚原功三（2006）『里親養育テキスト』社会福祉法人二葉保育園里親研修企画委員会

森本美絵・野澤正子（2006）「里子 A の成長過程分析と社会的支援の必要性—里親家庭 C への継続的インタビューを通して—」『社会福祉学』第 47 巻第 1 号、32 - 45 ページ

森本美絵・野澤正子（2012）「ある委託児童（里子）の成長過程の具体像と里親養育への社会的支援の在り方—継続的なインタビューによる里母の語りをとおして—」『京都橘大学研究紀要』第 38 号、77 - 99 ページ

## 4　なぜ日本では家庭的養護が進まないのか

　戦後日本において、子どもたちの処遇の場としては、児童養護施設を中心としており、いい換えるとハードウェア中心の社会福祉事業が展開されてきた。その背景には、明治以降から、篤志家による施設での処遇の展開がされてきたということができる。第2次世界大戦後もその路線は継承され、家庭的養護の里親制度についての促進は、それほど精力的には展開されてこなかったという歴史的背景があると考えられるのではないだろうか。

　今日、日本で里親制度が普及しない要因について、厚生労働省は、社会的養護について、児童養護施設等の社会的養護の課題に関する検討委員会・社会保障審議会児童部会社会的養護専門委員会でとりまとめられた「社会的養護の課題と将来像」で、6点挙げている。

　①文化的要因
　②里親制度が社会に知られていない
　③里親といえば養子縁組を前提としたものという印象が強い
　④研修や相談、レスパイトケアなど里親に対する支援が不十分
　⑤児童相談所にとって施設への措置に比べて里親委託はマッチングに手間がかかる
　⑥実親が里親委託を了解しないことが多い

　具体的には何をさしているのであろうか。順次見ていくと、①の文化的要因とは、従来の日本の家族は、血縁関係や地縁関係等を重視する傾向にあり、血縁以外の外部からの人を受け入れにくいという要因を意味しているのではないか。そして現代の家族から見ると、日本の家族問題として捉えられてきている家庭内での養育機能の外部化（社会化）が挙げられる。換言すると、家庭における養育機能が低下しているために、家族内でも養育困難な事例が出てきている現状を見ると、ほかの子どもの里親にという余裕が家族にはない状況にあるといえる。また前述したが、施設中心的な児童福祉行政があったことも、文化的背景と考えることができるのではないだろうか。

　②、③の要因の背景には、それと同時に、市民の関心が低く、またPRの不足が大きいといえる。それに加えて、関係する機関、団体がそれぞれの有機的連携（ネットワーク）を培うことができていないという側面もある。このネットワークという課題は、相当古くからいわれてきていることであるが、縦割り中心的な行政の在り方と関連市民団体の連携が進んでいないということができる。関連する市民団体がそれぞれ共通する認識を持って、横のつながりを強くしながら協働することができにくい状況を抱えることが多いように思える。それは行政との関係の中で縦割り的な発想が優先されるということができる。

　それゆえに、今日でも行政と市民団体、関連機関、施設との情報共有は進められている傾向にあるが、互いの立場からの発言に終始し、それを一歩飛び出た形

での協働にはなかなかなり得ない。福岡市の事例にもあるように、行政、市民団体等との官民合同の勉強会をすることによって、まず互いに知り合うところから始まった。そして互いの情報を出し合い、いわゆる情報の共有化が行われたのである。対象である子どもたちの最善の利益を尊重することを一義的に考え、行動・発言することが求められてくるということができる。

　④、⑤については、一番には、従来からの施設への措置を中心とした児童相談所業務の在り方がある。今日ようやく里親への支援策の充実が図られるようになりつつあるが、児童相談所体制の量的問題（里親担当者の少なさ）や里親に対する意識の問題等で、児童相談所担当者、里親、里子等の当事者の努力によって、支えられてきた側面があったことは否めない。

　⑥について、実親の了解しないこととは、親権が強いことも文化的要因として考えられる。いま一緒に暮らすことができなくても、そのうちに一緒に暮らすことを考えると、施設を利用する方がよいと考えるのではないだろうか。また、③でも上がっているが、里親といえば養子縁組を前提としたものという印象が強く、自分の子どもをとられるといった意識に大きく左右されていることもその要因になるのではないだろうか。日本における子どもの養育については、縦割り行政の中で、戦後のハードウェアを中心とした福祉行政の体制が大きく影響し、現在の里親制度の状況に置いてしまったのでないかと考える。

　いずれにしても、1960 年代に、大阪、神戸では、「家庭養護促進協会」という里親を中心とした家庭的養護を展開する民間団体が発足している。本協会は、新聞、ラジオ放送等のマスコミとの協力関係を維持し、愛の手運動を展開している。このような活動が全国的に展開されることで、里親制度の展開にも大きな影響を与えることを願う。

　〈引用・参考文献〉
　公益社団法人家庭養護促進協会ホームページ
　厚生労働省（2011）「社会的養護の課題と将来像」

# 5 地域小規模児童養護施設の養育と職員支援

地域小規模児童養護施設は、子どもにとって家庭的環境を提供することがもっとも自然で最良であるとの理念に基づく実践である。従来の児童養護施設が持つ集団的養育環境とは異なり、地域社会の中にある住宅において、少人数の子どもたちに生活の場を提供する。職員や子どもは、近隣住民と日常的に交流する。玄関先での挨拶、町会の祭り・運動会への個人参加、ゴミ当番・地域除草等に地域の一住民としてその役割を果たす。職員は、家庭的な雰囲気で少人数の子どもたちと個別的・即応的な関わり等が可能であることに養育のやりがいを感じているものの、他方で、本体施設から離れた地域の中で、子どもと直接に、しかも24時間逃げ場を持たず、一人で判断や対応に迫られるため、養育に緊張・不安を感じており、孤独感に悩んだり、また、養育の孤立化の懸念もある。そして、職員自身、馴染みのない地域社会へどのように入っていくかは、子どもも職員も大きな悩みである。地域において家庭的環境で生活するという子どもの「当たり前の生活」を保障するには、この孤独感や孤立状態の解消と、地域への職員・子どもをつなぐための対策が求められる。

「児童養護施設等の小規模化及び家庭的養護の推進のために―社会保障審議会児童部会社会的養護専門委員会とりまとめ―」（2012年9月）に小規模化による意義が整理されている。その一部を抜粋すると、「子どもの生活に目が届きやすく、個別の状況にあわせた対応をとりやすい。生活の中で子どもたちに家事や身の回りの暮らし方を普通に教えやすい。近所とのコミュニケーションのとりかたを自然に学べる」「子どもたちが我が家という意識で生活でき、それが生活の主体性につながり、自立の力が日常生活を通じて身についていく」「地域の中にグループホームを分散配置することにより、地域での社会的養護の理解が深まる。地域の子ども会、自治会、学校区の関係者との交流が深まる」である。また、筆者の調査事例においても同様な意義が職員から語られている。たとえば、「（夜中）12時以降にシャワーをしたらご近所に迷惑が掛かるから、……11時過ぎて洗濯機まわすのはやめてなといっている」「幼稚園の友だちをたくさんおうちに呼んでくる。地域の小学校の友だちの家に遊びに行ったりとか……。私たち（職員）は地域のお母さんとお話する機会がすごく増えて……」である。職員が生活の中で自然な形で社会ルールを教えている様子、子どもにわが家という意識が育っている様子、職員と子育て家庭との交流の深まり、それらを通して社会的養護の地域理解が図られている様子が伺える。

ところで、社会的養護関係施設に措置される児童のうち、児童養護施設入所児童は約65%を占めるが、その約60%が被虐待児であり、20%が発達障害等児である（2008年度統計）。このように養育上、ほとんどの子どもが大きな課題を抱えている状況において、養育単位の小規模化・地域化によって、職員との関わりが個別的になり、生活が安心・安全な環境であることを実感すると、集団養護の中では表現できなかった、こらえてきた感情を表出したり、特定の大人との個別

的な信頼関係を築こうと様々な試し行動があらわれる。子どもが自己を回復し自立へと成長するには、職員に個別的な関わりや子どもの感情表出・乱暴な言動等をしっかりと受けとめていくことが求められ、身体的かつ時間的な余裕を必要とする。しかし、子ども 5〜6 名に対して職員 2 人（非常勤 1 人＋宿直職員非常勤）の職員配置において 1 人での勤務体制は多い。ある職員は、「常に 1 人体制で、やっぱり全部家事を回すので洗濯、掃除、ご飯のほうを常にやっている。6 人分なのでバーッとやっている感じでご飯の準備をしながら子どもとしゃべるとかしている」と、常に家事全般をしながらの子ども対応で心身の余裕のなさを語る。それに対し職員配置数の多いある施設職員は、「やっぱり 2 人だと分散できる。いまこの子がちょっと心の中でザワザワしているとき、密に関われる。その時々に合わせた世話は子どもに合わせてできる」と、子どもの変調に気づくと個別的に関われる様子を語る。また、職員と子どもの関係が濃密になることで、子どもと職員が衝突する機会も増える。本体施設であれば、緊急時や子どもの対応に困ったときに、他の職員に助言や援助をすぐに求めることができるが、1 人体制はそうはいかない。ある職員は、「すぐに来てもらえる距離ではないところに不安とか何か緊張感がある」「子どもとぶつかったときに逃げ場がない。いったこと全部を自分でフォローまでしないといけない、そこの大変さがある」と 1 人体制の不安を語り、「夜、本体施設では確実に建物内に 3 人の大人はいるので誰かを呼べるっていう安心感はずっとあった」「うしろに誰かがいてくれるってこんなに心強いことだというのを改めて感じた」と、本体施設の職員体制が養育上の大きな安心感になっていたことに気づく。このほかにも、先輩職員の養育を学ぶ機会が少なく新人の育成が難しいこと、調理等の生活全般の家事力から心理的ケア、対外関係（親・家族対応）、近隣地域との関係形成など多様な役割を職員は担っており、職員一人ひとりの力量、専門性、経験性が求められており、その養成等が課題である。また、本体施設との日常接点が少ないことで、養育が密室化しやすく、独りよがりな養育に陥る危惧がある。

　こういった養育上の課題に対して、職員配置数の充実はもとより、本体施設による職員への支援体制の整備、地域社会・近隣住民との相互支援関係を形成することへの支援等が必要である。具体的には、子どもとの関係（行き詰まったとき等）支援、日常的な職員間対話の機会、事故・発病等の緊急時対応と支援、子どもと実親との関係改善の支援、地域化への支援、生活ケア援助などである。この支援体制がしっかり存在し機能しているとき、はじめて職員は安心して子どもと接することができ、地域小規模児童養護施設の機能を十分に発揮できる。

### 〈引用・参考文献〉

森本美絵（2014）「滋賀県の地域小規模児童養護施設の現状と職員支援の課題―養育職員へのインタビューをもとに―」『滋賀県社会福祉研究』第 16 号、滋賀県社会福祉協議会、53 - 60 ページ

施設の小規模化及び家庭的養護推進ワーキンググループ（2012）「児童養護施設等の小規模化及び家庭的養護の推進のために―社会保障審議会児童部会社会的養護専門委員会とりまとめ―」

# 6 福祉施設職員の離職問題

　介護や保育、障害者福祉分野をはじめ福祉施設・事業所における人材不足は深刻な状況が続いている。保育所では待機児童が社会問題となり、保育所増設にこぎつけても保育士が集まらない事態が起きていたり、介護・障害者分野でも慢性的な人手不足に悩まされている。都市部の特別養護老人ホームなどの介護施設では介護職員の不足のために新たな入居者の受け入れを停止せざるを得ない事態も起こってきている。

　厚生労働省の「賃金構造基本統計調査（2016 年）」では、全産業の毎月の平均賃金は 33 万 3000 円で、福祉施設介護員・ホームヘルパーは 22 万 8000 円、保育士は 22 万 3000 円であり、およそ 10 万円の格差がある。厚生労働省「雇用動向調査（2013 年）」によれば、勤続年数は、全産業が 11.9 年であるのに比べ、福祉施設介護員 5.5 年、ホームヘルパー5.6 年、保育士は 7.6 年となっている。

　認定 NPO 法人ブリッジフォースマイル調査チームが 2012 年 6 月に実施した「全国児童養護施設調査 2012 施設運営に関する調査」では全国の児童養護施設（うち有効回答数 156）で 2011 年 4 月から翌年 4 月までの間に離職した職員は 472 名、うち常勤職員は 76％、非常勤職員は 24％、離職率は常勤職員 12.0％、非常勤職員 20.2％、全体では 13.3％であった。離職理由については、「家庭の事情（結婚、出産、介護等）」がもっとも多く、全体の 3 割を占めた。ついで「不調・負担（身体的・精神的の合計）」と「職場の異動（同業種・異業種の合計）」がそれぞれ 2 割強を占めた。性別では、男性は「異業種への転職」がもっとも多い一方、女性は「家庭の事情」が圧倒的に多い。年代別離職者では、20 代が半数以上を占めている。勤続年数別に見ると、勤続年数が 3 年以内の離職者が全体の 49％を占めている。規模別では 40 人未満の小規模施設では 14.7％、40 人以上の大規模施設では 12.9％で、とくに小規模施設での非常勤職員の離職率が 23.4％と高水準であった。また、施設規模別の離職理由を見ると、「精神的不調・負担」で小規模施設が大規模施設を上回っており、小規模施設での職員の負担が大きいと考えられる。「職員が施設で長く勤務するために必要なこと」として、「休日、労働時間、人員、労働条件などの労働環境」が 1 番多く挙げられており、ついで「チームワーク、人間関係、サポート」、3 番目に「結婚、出産後も働ける環境の整備」が挙がっている。

　労働環境のうちの職員配置基準に関していえば、「児童福祉施設の設備及び運営に関する基準」第 42 条第 6 項により、「児童指導員及び保育士の総数は、通じて、満 3 歳に満たない幼児おおむね 2 人につき 1 人以上、満 3 歳以上の幼児おおむね 4 人につき 1 人以上、少年おおむね 6 人につき 1 人以上とする（後略）」と定められてきたが、この配置基準はようやく 2012 年度に 36 年ぶりに改正され、「満 2 歳に満たない幼児」1.6 人につき職員 1 人以上、「満 2 歳以上満 3 歳に満たない幼児」2 人につき 1 人以上、「少年（小学生以上）」は 5.5 人に対して 1 人以上となった。

　しかしながら、1 日 8 時間の勤務としても 365 日、24 時間子どもたちの世話を
するために早番、日勤、宿直などでやりくりしているが、単純に計算すると 1 人
で最大 15.5 人の子どもを担当する可能性があり、一人ひとりの子どもに丁寧に
関わっていくことは難しい。また、8 時間労働といっても、担当の子どもに問題
が起こると勤務時間や休日に関わりなく対応を迫られることも多い。

　小規模グループケアやグループホームには「子どもの生活に目が行き届きやす
く、個別の状況に合わせた対応がとりやすい」「安心感のある場所で、大切にさ
れる体験が提供され自己肯定感を育める」「集団生活によるストレスが少なく、
子どもの生活が落ち着きやすい」など様々な意義がある。しかし、担当職員は、
日常的にほぼ 1 人で勤務をしており、緊急時（病気、怪我、暴力等）を含む様々
な対応に日々追われている。子どもの生活単位が小規模化されることにより、担
当職員のグループも小さくなり、結果、宿泊勤務の多さや休日の取得しにくさに
つながってくる。また、1 人の職員との緊密な関係は子どもの安心感を生み出すが、
1 つ間違えば独善的になったり、孤立的、閉鎖的な人間関係に陥ってしまうリス
クも抱えている。

　近年では児童養護施設における被虐待児や発達障害児など処遇困難な児童が増
加してきており、また、グループホームなど小規模で家庭的な環境における社会
的養護の拡充が目指されている。施設で暮らす子どもたちは何よりも継続的で安
定した大人との関係に支えられて成長していくことが必要であるが、その大人た
ちがすぐにいなくなったり、精神的、肉体的に疲れきっていたり、ストレスや不
満を抱えていては、愛情をこめて子どものケアをし、その成長を助けることは難
しい。職員が自分の仕事にやりがいや誇りを感じながら経験を積み重ね、専門的
にスキルアップを図り、自身も成長していくには長い年月がかかる。そのために
は実態から乖離した「児童福祉施設の設備及び運営に関する基準」の見直し、労
働に見合った賃金、仕事と家庭とが両立できるような労働条件の整備やお互いに
支え合い、励まし合うことができる職場でのよい人間関係、指導や助言を受けら
れる先輩たちの存在が不可欠である。

　福祉労働者の質の問題は結局は利用者にも大きな負担をもたらすことにつなが
り、利用者の不利益につながってくる。福祉の仕事はどのような人間であれ、最
低限の人間的・文化的生活を保障するための安全ネットに関わる大切な仕事であ
る。保育や福祉の仕事はもともとは女性が家庭内で無償で行ってきた「家事労働」
の延長と見なされているだけに社会的な評価が低く、低賃金に甘んじている。し
かし、課題を抱える人間の心身の状況に応じた支援、保護者や地域社会への支援
など、社会の変化にともない、多様かつ専門的な役割が期待されるようになって
きている。未来を担う子どもたちの幸福、また、われわれ自身の安心や幸せのた
めに限られた予算の中で、何に資金をつぎ込んでいくべきかしっかりと社会的な
合意をつくっていくことが必要であると思われる。

# 7 児童養護施設における退所後のアフターケア

　1997年の児童福祉法改正により、児童養護施設にはその目的規定として「自立支援」が付け加えられ、施設入所中から退所後の生活や将来を見据えたケアを行うことが再認識された。さらに、退所後も一貫して子どもの生活を支えるアフターケアの保障といった観点から、2004年には、児童福祉法における児童養護施設に関する規定に「退所した者に対する相談その他の自立のための援助を行うことを目的とする施設とする」(第41条) が加えられた。しかし、施設職員は日々の業務に追われ、退所者へのアフターケアは後回しになってしまい、「制度自体が退所者の自立支援を実践できる体制として整備されていない」(谷口 2011 130ページ) というのが実情である。また、児童養護施設を退所した子どもの問題は、複雑化しており、悩みは多岐にわたっている。たとえば、就労先と住居の確保、社会生活に必要な知識、自立への不安や悩み、携帯電話やアパート契約時に必要となる保証人の不在、などである。退所者について「完全に自活できるだけの賃金を得られない段階にあっても社会保障の対象とはならず、苦しい状況におかれたままである」(宮本 2013 110ページ) との指摘もされている。

　退所した子どもの事例を紹介し、退所後のアフターケアにおける現状と課題を考察する。

【Aさん (19歳／女性／特別支援学校高等部卒業)】

　親の養育困難が理由で、幼少期時代から児童養護施設に入所しているAさん。軽度の知的障害があったため、小学生のときに療育手帳を取得。高校から特別支援学校に通っていた。高校生活においては、生徒会長をしたり、クラブに励んでいた。Aさんが高校2年生のとき、大型衣料販売店で職場体験実習を行うことが決まった。Aさんの働きぶりに店長が感心し、「ぜひ、採用したい」と太鼓判を押されていた。しかし、3年生になり再度、職場体験実習が始まったとき、店長が代わっていた。そのため、職場環境が変わり、彼女自身もやる気をなくしてしまった。それでも、学校の先生や施設職員が励まし続け、2回目の職場体験実習をなんとか終えることができた。その後、療育手帳を取得していたため障害者雇用枠で、内定が決まり就職し、無事、退所することになった。退所後は、自立援助ホームから、大型衣料販売店へ勤務していたが、やはり店長との関係がうまくいかず、仕事が嫌になり、Aさんは遅刻するようになった。そして、結局は、仕事のミスが重なったことに加え、遅刻が原因となり3か月で解雇されてしまった。

　彼女に社会性が身についていなかったのか、仕事に対する理解が不足していたのか。それとも、企業側がもう少し職場環境を整える努力をし、対応してもよかったのか。その答えを見つけることは難しい。

　職員は、毎日お弁当をつくり、バスの乗り方を練習し、学校生活や実習の相談にのり、生活場面において365日励まし続けた。施設を退所し、就職してからも、メール連絡を入れ、きめ細やかな対応をしていた。けれども、結果的には3か月

で仕事を辞めてしまったのである。湯浅誠の言葉を借りるならば、「子どもたちを本気になって育てていくための社会的な環境整備というのは、されてもいいと思います。つまり、わたしは環境や経験によって人間が変化しうることへの希望を、完全には捨て切れない」（湯浅・河添 2008 38 ページ）のである。

　現在、退所後の社会的自立を支援するため国庫補助事業として、退所に向けた支援、事後対応的支援、当事者支援、施設職員などへの伴走支援を行っている。実施状況については、①当事者中心型［例：ゆずりは（東京）・日向ぼっこ（東京）］、②アフターケア事業従属型［例：社会福祉法人 大阪児童福祉事業協会（大阪）］、③施設併設型［例：ひだまり（鳥取）］の 3 種類に分類し、アフターケアの充実を図っている。これらの多くは、NPO 法人または社会福祉法人であるが、その活動に法的な根拠がないことが多く、また人的、経済的、環境的な支援がないまま活動をしているのが現状である。これらの団体が社会的に認知されることにより、時間をかけて見守る眼差しが広がっていくことを強く願っている。しかし一方で、児童養護施設退所者で当事者活動をしていた渡井さゆりは、退所者支援を公的に進めることに対し、「それまで『施設で育った』という共通体験で結ばれていた仲間たちを『支援を必要としている人たち』とみなさなくてはならなかったことに対し、人には打ち明けられないわだかまりを感じる」（渡井 2014 159 ページ）と主張している。つまり、公的な事業を利用することにより、「支援を必要としている人」と一くくりにされ、また支援に対し成果を上げなくてはならないのである。そして、支援者が前面に出てしまうことにより、その子ども自身の経験を奪ってしまう可能性もある。自立支援においては、支援者が何かをすることではなく、子どもが決断したときや失敗したときなどに寄り添ってくれる人の存在そのものが大切なのである。さらに、生育暦、子どもの特性、生活の中での思い出の共有などが支援をするうえで重要であり、一人ひとりの子どもにあった将来を一緒に描いていく必要があるのではないだろうか。

　筆者が見守る退所児の一人は、「親は、選べないから。自分でがんばるしかない」とつぶやいていた。子どもたちのがんばりを見るたびに、また人生を応援したくなる。退所後のアフターケアには、施設職員（ケアする人）と退所者（ケアされる人）という立場を越え、育ってきた環境を共有し合える特別な関係性なのかもしれない。「1％でも可能性があれば、退路は考えない」という、筆者が以前勤務していた児童養護施設の施設長の言葉がいまでも身にしみている。また、試行錯誤をしながら子どもたちにエールを送り続けたい。

### 〈引用・参考文献〉

谷口由希子（2011）『児童養護施設の子どもたちの生活過程』明石書店

宮本太郎編（2013）『生活保障の戦略』岩波書店

湯浅誠・河添誠編（2008）『「生きづらさ」の臨界—溜めのある社会へ—』旬報社

渡井さゆり（2014）『「育ち」をふりかえる』岩波書店

## 8 「タイガーマスク運動」が児童養護施設にもたらしたもの

　2010 年 12 月 25 日、群馬県中央児童相談所の玄関前にランドセル 10 個が送られたことを皮切りに、「タイガーマスク運動」が全国に広まった。児童養護施設に漫画『タイガーマスク』の主人公「伊達直人」名でランドセルの贈り物が届いたことが報道されると、各地に同様の寄付が届けられた。児童養護施設が世間から注目を浴びたことは、記憶に新しい。

　関西学院大学准教授（社会学）の鈴木謙介は、このタイガーマスク運動は「メディアによって作られたブーム」と見ており、全国各地に拡大した最大の要因をメディアの報道という。さらに、匿名ではあるが全国に寄付行為が報道されるため、「名乗りを上げて寄付をする気にはなれないが、自分が何かの社会貢献をした証をえたいという欲求」（鈴木 2011）を叶えるのに最適な現象であったと述べている。

　児童養護施設はこれまでも、地域の飲食店が食事をふるまったり、篤志家がスポーツ観戦に招待するなど様々な善意に支えられてきた。そのような営みは、とりたてて光が当てられることもなかったのである。

　本論では、児童養護施設で過ごす子どもたちのエピソードを紹介しながら、寄付行為について再考したい。

　児童養護施設の年末は、慌しい。クリスマスになると、コンビニ各社からケーキが 20 個ほど届けられ、一般企業における社会貢献活動の一環でサンタクロースは、3 回ほど児童養護施設へやってくる。子どもたちは、楽しみにしているものの、一時的な寄付行為に、職員は戸惑いを隠せないのが本音である。「子どもたちは、本当に望んでいるのだろうか？」と考えさせられる時期でもある。

　作家の曽野綾子は、タイガーマスク運動について、「一度だけ思いついていいことをするのは、その人の一時の楽しみにすぎない」（産経新聞 2011 年 1 月 28 日）と主張しており、一時的な寄付行為については職員も同じような感情を抱いている。

　クリスマスが終われば、お正月がやってくる。筆者が以前勤めていた児童養護施設では、年中行事を大切にしている。元日は、職員がオール出勤をして子どもたちと一緒に過ごすのが恒例である。1 月 1 日の朝は、「あけましておめでとう。今年もよろしく」と、すべての子どもに挨拶をすることになっている。ところがある年、小学 2 年の女児が「何でおめでとうっていうの？　私は、お母さんに会いたかったのに（お正月を施設で過ごすことになり）おめでとうじゃない」と自分の気持ちをストレートに職員へ伝えた。職員は、この子どもの繊細な感受性に驚かされた。そして、「一時的な楽しみでは満たされない」子どもの気持ちに気づいた瞬間でもあった。職員は、子どもに対し「子どもたちのいまに何をもたらしているのか、今後何をもたらすことになるのだろうかという問題意識を持つこと。その認識のもとに、受けとめられ体験の欠如を可能なかぎり埋めていくという作業がなされるべき」（芹沢 2012 90 ページ）なのである。つまり、いつ、ど

のようなときも子どもたちの頭の中には、親という存在が大切であり、いくら家庭と同じように、おせち料理を食べ、こま回しをし、お年玉をもらって、職員と楽しく過ごしていても、「やっぱり違う。どこか寂しい」という子どもの思いをしっかり受けとめなければならないのである。さらに、年末は、外泊する子どもが多いこともあり、「私だけ、なぜ施設で過ごさなければいけないの？」と思いながら暮らしていることも、頭に入れて職務に向かうべきだったのである。日々の暮らしの中で、子どもたちの思いを、職員はどのように察し、気持ちを引き出し、また受けとめるのか常に考えなければならない。

　子どもたちが成長し「クリスマス、サンタさんに会えた」「お正月は、おせち料理を食べた」という楽しい思い出を子どもと共有できるように、職員は演出者としての役割が求められているのかもしれない。しかし一方で、一時的な楽しみを大人が全力で演出しているに過ぎず、タイガーマスク運動と同様に、「本当に子どもたちが望んでいるケアとは何か」真剣に考えなければならないであろう。

　タイガーマスク運動後、社会福祉の担い手という論点については、各新聞社の社説が対照的であった。読売新聞は、「国、行政には、一人一人の児童が安心して自立の道を歩み出せる環境整備を進めてもらいたい」（2011 年 1 月 12 日）とし、毎日新聞は「家族や地域だけでも公的福祉だけでもやっていける時代ではない」「新たな思いやりの文化や精神を社会に根付かせる機会と考えたい」（2011 年 1 月 12 日）という。全国に拡大した「タイガーマスク運動」とその報道は、厚生労働省が約 30 年ぶりに児童養護施設の見直しをする契機となり望ましいことである。しかし、それでも心のどこかにひっかかりがあるのは、物では満たされない子どもの現状を目の当たりにしており、前者の社説にある国や行政による「自立の道を歩み出せる環境整備」に対する期待と不安を抱えているからなのかもしれない。

　最後に、忘れられないエピソードを 1 つ紹介したい。児童養護施設で生活をともにした幼児が七夕のとき、「おかあさんがおしごとがんばれますように。おかあさんに、あえますように」「みんながしあわせになりますように」と、習いたてのひらがなで短冊に願いを込めた。私欲に満たされた私たち大人が、もっと真剣に子どもたちと向き合わなければいけないと痛感した。

　「人間は平等にできているから、競争に敗れたものは自己責任、という考え方は根本から間違っています〈中略〉むしろ人間の社会は、個人個人が持つその弱さや欠点を補い合うことによって、人間関係をつくってきた」（暉峻 2008 81 ページ）のである。「タイガーマスク運動」も一時的な現象ではなく、「弱さや欠点を補い合う継続した運動」であり続けてほしいと願っている。

### 〈引用・参考文献〉

鈴木謙介（2011）「タイガーマスク現象のカギは『昭和のヒーロー』にあり」『週刊朝日』第 116 巻

芹沢俊介（2012）『家族という意志―よるべなき時代を生きる―』岩波書店

暉峻淑子（2008）『豊かさへ―もうひとつの道―』かもがわ出版

# 9 子どもの立場から考える措置変更

　現在中学2年生のAさん。母からの虐待により生後7か月のときに乳児院に入所。17歳と若くしてAさんを身ごもった母は、いわゆる「できちゃった婚」で1つ年上の先輩と結婚したがすぐに離婚。しばらく実家で生活をしていたが、もともと不仲のためすぐに実家からも出て、母子でアパート暮らしを始めた。はじめは友人も驚くほど頑張ったが、経済的な問題もあり、だんだんと子育てが苦痛になり、夜泣きがうるさいとつい手が出ることもあった。児童相談所には自ら相談して施設入所に至っている。Aさんは2歳のときに、入所していた乳児院から別の児童養護施設に移った。その後、小学2年生のときに、母が引き取って一度、家庭復帰。これを機に母は転居。しかし、しばらくして、Aさんは、また虐待を受けてしまった。母はAさんが宿題をしていないのにしたといってウソをつくのが許せないのでカッとなって叩いたとのこと。母子は転居していたため、児童相談所はこれまでの管轄児童相談所とは異なった。家庭に帰っていたAさんだが、小学3年生の途中で、また別の児童養護施設に入所することが決定。入所後、虐待を受けた影響か落ち着かず、夜中に叫ぶことや、自分をコントロールできず感情を爆発させることもあり、児童養護施設では養育困難であるということになり、小学4年生からは児童心理治療施設へ移った。心理治療を受けしばらくは安定していたが、小学5年生の終わりから施設を抜け出し、無断外泊を繰り返すようになった。これでは児童心理治療施設でも面倒を見られないということになり、いったん、児童相談所の一時保護所へ。この間、母は失踪。以後、音信不通になる。次の受け入れ先を探すもなかなか決まらず3か月が過ぎたころようやく一軒の里親ファミリーホームが受け入れてくれた。Aさんは、小学6年生になっていたが、まるで幼児のように里親に甘えていた。困難な背景を抱えながらも、うまくいきかけていた中学1年生の夏、Aさんは無断外泊を繰り返す。そして援助交際。窃盗。暴力事件。児童相談所での一時保護を経て、現在入所する児童自立支援施設へやってきた。

（Aさんの措置変更）
家庭 ⇒ 乳児院 ⇒ X児童養護施設 ⇒ 家庭 ⇒ Y児童養護施設 ⇒ 児童心理治療施設 ⇒ 一時保護所（長期）⇒ 里親ファミリーホーム ⇒ 児童自立支援施設

　これは、架空の事例である。このように養育の場を転々とし措置変更を繰り返すケースもある。最終的に彼女は、触法行為を行い、現在、児童自立支援施設にいるという設定だが、彼女の立場から彼女の育ちを振り返ってみると、何が感じ取れるだろうか。もし、彼女のように転々と養育の場を変えられたらみなさんはどう感じるだろうか。日本は施設での養育が中心だが、欧米では里親による養育が中心だ。「ドリフト」と呼ばれるが欧米でも里親宅を転々とたらい回しされる

ケースもある。Ａさんの生育をもう一度振り返ると、7か月で乳児院への入所措置。2歳で児童養護施設への措置変更を経験している。母子分離だけではなく、愛着の対象である乳児院の保育士と別れて別の児童養護施設へ入所しなければならないというシステムが子どもにどれだけの負担を強いるか想像していただきたい。現在では措置変更に際して段階的に「慣らし保育（養育）」が行われるようになってきたり、状況によっては乳児院で小学校入学までの間、養育を受けることができるようにはなっているが、実際的にはハード面などを理由に受け入れが困難であることが少なくない。Ａさんの生育に話を戻すと、その後、一時、家庭復帰を果たすも再虐待の被害に遭っている。親子が一度分離し家庭復帰した後、安定した生活を営むのは簡単なことではない。このケースでは親にいわせると「ウソをつくから叩いた」わけだが、子どものＡさんからいえば「叩かれるからウソをつかざるを得なかった」となる。この再虐待によりＡさんは施設入所に至るが、これまで入所していた施設とは別の施設である。ケアの連続性を遮る要因として親の転居がある。転居によって、管轄児童相談所が異なり、入所先も異なる。さて、叩いてでもＡさんを何とかしようとしていた母が、その後、失踪したこともＡさんにとっては大きな痛手、喪失体験となっている。それを埋め合わせるかのように見知らぬ男性と金銭を介した交際を行ったり、窃盗、暴力事件を起こしている。非行や触法行為に及ぶ子どもたちの中には虐待やネグレクトの被害に遭ってきた者たちが少なくない。Ａさんも「誰も自分のことなど心配してくれていない」「自分は孤独だ」「生きていてもしょうがない」などと思っていたかもしれない。子どもたちに情緒的な問題や非行、触法行為といった問題行動があらわれるとき、それは子どもたちの声にならない表現、サインでもある。「どうして、私がこんなにあっちこっちへ変わらないといけないのか」「お母さんはどうして失踪したのか」「なんで私を生んだの」「これから先どう生きていけばいいのか不安だ」「誰でもいいから私を愛して」という彼女の叫びが聞こえてくるような気がする。

　Ａさんは今後も様々な課題に直面し、生きることが辛くなることがあるかもしれない。児童自立支援施設ではそんな彼女のありのままをすべて受け容れて「育て直し」が行われ、彼女自身も「育ち直し」を行っているのかもしれない。

# 10 子どもの立場から考える施設入所

筆者が、かつて児童相談の現場にいたころ、親子分離の介入に際し当事者の子どもからこのようにいわれたことがある。「どうしてぼくが施設に行くの？　お母さんが悪いのに」「お母さんが施設に行ったらいいじゃないの」「友だちと遊ぶ約束したのに、絶対に嫌だ」「私たちが被害を受けたのに」と。みなさんは、このようなことをいわれたらどうだろうか。この子どもがいっていることは本質的には正しいと思わないだろうか。子どもにとっては、自分の身の安全がまもられたとしても急な施設入所はとても理不尽だと感じるということが理解できるであろうか。

虐待事例など介入が必要な場合、児童相談所は緊急に子どもを親から分離し、一時保護や施設への入所、里親への委託を検討し、実施する権限を持っている。それは、子どもの権利擁護、安全を考えてのことである。しかし、一時保護所へ行くことや児童福祉施設へ行くことは、子どもにとって、これまで生活してきた地域や友人からも分離されることになるのだ。つまり児童相談所の介入によって、子どもは、親との分離だけではなく、学校や地域、友だちとも分離される。「自分がいなくなったことをクラスのみんなはどう思っているのだろうか？」「お母さんは怒ってないかな」「友だちともっと遊びたかったな」「転校したくない」「一時保護所ってどんなところだろう」「施設へ行っていじめられないだろうか」などいろいろなことが頭をよぎる。「なんでぼくだけ、私だけ、こんなことになるんだろうか」「何か悪いことをしたんだろうか」「きっとあのときぼくがあんなことをしたから家族がバラバラになってしまったんではないか」などと自分が悪いから施設へ入れられたと思っている子どもも少なくない。本書の中でも述べられているが、子どもたちには施設への入所前に児童相談所から「なぜ一時保護所や施設に入らなければならないのか」ということについて一定の説明がなされる。それでも子どもたちは持ち合わせている情報をつなぎ合わせて独自のストーリーで理解しようとするのだ。そんなとき、保育士や児童指導員は「しんどかったね」「急にびっくりしたね」などと子どもの気持ちを受けとめながら、生活支援を行う。

朝起きてご飯を食べて学校に行って、帰ってきて、おやつを食べ、宿題をし、お風呂に入り、夕食を食べてあたたかい布団で眠るという施設での生活の中で子どもたちはしばらくして一定の落ち着きを見せる。しかし、心の中では「いつまで施設にいるのだろうか」「お母さんはどうしているのか」「ぼくはいつ家に帰れるのか」「家族に今度いつ会えるのだろうか」と不安に思ったり、「あの子のお母さんはよく施設に来ていいな……」とうらやましく思ったりしている。そして、そんな気持ちを抱えながらも、施設での生活に適応しようと毎日を頑張って生活している。施設では、子どもたちの担当職員やファミリーソーシャルワーカーが児童相談所などと連携しながら、個別の自立支援計画を策定し、どうすれば子どもたちが早く家に帰ることができるか、あるいは、それが難しい場合には将来の自立・自活に向けて身につけておくべきことについて考え、環境調整を行ってい

る。みなさんの保育実習は多くが10日間程度である。みなさんにとっては、宿泊をともなうことも多い施設実習は大変な実習かもしれないが事前学習や現地オリエンテーションなどが行われるはずだ。そして何より期限が定まっている。施設にいることが、いつまで続くかわからないということは、子どもたちにとって、いかにしんどいことか。また緊急に入所した場合、当然ながら事前に施設見学などない。施設で暮らす子どもたちをどう支援するか考える前に、もし、自分が施設入所しなければならない子どもだったら、どんな不安があるだろうか、どうすればその不安が少しでも減らせるか、子どもの視点で考えるということが大切である。

　さて、実習を終えた学生からこのようなことを聞くことが多い。「施設にいる子どもってもっと暗いっていうイメージがあったんですけど結構明るくてびっくりしました」と。確かに施設に入所する子どもたちは明るい。元気だ。いままで持っていたイメージと異なることもあるかもしれない。しかし、先ほども述べたように、彼らの背景を考え、彼らの立場に立って考えてみる想像力が必要だ。「もし、自分だったら……」そう考えて、思いを巡らせてみてほしい。彼らは自分にひどいことをした親でさえ、強く求める。いや親だからこそ強く求めるのだ。そのこともまた考えてほしい。

　そして、次の想像は難しいかもしれないが、施設に子どもを入所させた親の立場にも立って考えてほしい。突然子どもがいなくなった家庭、いわば「空の巣」の中で親もまた苦しむ。家族の出逢いなおし、家族関係の修復は児童相談所などと協働して施設も担っていく大切な仕事である。親と子の関係性はケースによって異なるが、入所後一定の時期を経て、手紙や電話といった通信から始め、施設での面会、外出、家庭への一時帰宅、休暇中の長期帰宅、家庭復帰と段階を追って進む。しかし、この道のりは簡単ではない。一度、分離された親子がもう一度生活をともにするためには、継続的な支援が必要である。

　近年は、盆や正月も一時帰省ができずに施設で過ごす子どもたちが増えてきているといわれている。家庭復帰が困難なケースには里親による養育も検討されるが、日本では里親の絶対数が不足している。他国と比して里親が不足しているその背景にはどのような理由があるのか、本書にもその理由は述べられているが、あらためてみなさんにも考えてもらいたい。そして、日本の児童相談のシステムや社会的養護の課題を整理してほしい。子どもたちと親の立場に立って。

# 11 保育所以外の児童福祉施設と学生との関わり

今日、保育士になるには、いくつかの方法があるが、1つに、年に1回行われる保育士試験（国家試験）に合格する。2つに指定保育士養成施設で保育士資格に必要な科目を修得して卒業する。その後、都道府県に備えている保育士登録簿に登録をしなければならないとされ、登録してはじめて保育士として業務に従事することになるのである。

その中で、指定保育士養成施設は、全国で622施設あり、入学定員5万6448人が養成されている（指定保育士養成施設一覧〔平成26年4月1日時点〕都道府県、指定都市、中核市別）。この5万6000人あまりの学生たちが、養成施設での課程で、毎年保育実習Ⅰで保育所に10日間、その他の児童福祉施設等で10日間ずつ直接実践現場での実習をしていることになる。そのうえに、選択実習である保育実習Ⅲで10日間、その他の児童福祉施設を含む社会福祉施設で実習を行っている。つまり、どこの指定保育士養成施設の学生も、少なくとも10日間はその他の児童福祉施設で実習をしていることになる。

実習生は、当然のことながら、児童福祉施設についての予備的知識は、「児童家庭福祉論」「社会的養護」「社会的養護内容」「保育実習指導」等々の授業において学習している。それらの授業を担当している教員としての実感では、学生の大半は、児童福祉施設についての知識は乏しく、はじめて保育所以外の児童福祉施設に行くようである。また、児童福祉施設で実際に行われている子どもたちへの支援等の内容については、実際にふれ、理解できている実習生は非常に少ないといえる。それゆえに児童福祉施設の目的や、子どもの状況や施設の現状について理解するには、10日間では十分であるとはいいがたい現状にあるのではないかといえる。

その点について、各養成施設で、様々な取り組みがなされてきてはいる。たとえば施設で実施されている行事についてのボランティア活動を奨励したりしているが、理解を深めるという領域まではいかず、また参加学生も限定的になり、全体的なレベルアップというところまではできていないのが現状であろう。

また、近年の学生の問題として、社会的経験や他者とのコミュニケーション能力が非常に豊富である学生の減少により、子どもたちや施設の職員との関わりにおいても積極性が見られず、場面に馴染めないままに実習が終わってしまう者も散見できる。

また、実習生を受け入れる児童福祉施設からすると、保育実習だけでなく、社会福祉士の実習や、看護師、保健師、理学療法士、作業療法士、言語聴覚士などの実習、障害児者施設の場合には、教員免許状の介護体験など非常に多様な実習生が来ている状況である。それも養成施設の状況によって、特定の時期に集中するという状況となっている。児童福祉施設からすると、実習生の受け入れは、将来の同僚の育成につながるという意味、つまり、福祉人材の育成への貢献という意味合いから積極的に取り組んでいるところもある。

　一方、入所児の抱える問題への支援という観点から見ると、子どもたちと保育士等の施設職員との関係に、ときとして実習生が、大きなリスクとなり得る場合がある。いいかえると、実習生の態度、意識が、子どもたちに影響する場合もある。多くの場合は、そのような状況になり得ることも含めて、施設職員が実習生や入所児を受けとめておられる場合もある。このようなデメリット的な状況もあると施設の職員の方にお聞きしたことがある。

　また一方で、わずか 10 日間の子どもたちとの関わりを通して、実習生が子どもたちへの支援のきっかけとなる場合もある。その要因として考えられるのが、実習生と入所児の年齢が近く、職員の方とまた違った価値観、感性等によって、入所者との相互の学びを促進するからということではないだろうか。

　いずれにしても、学生は、実習という場面をどのように活用するか、学生自身の意識が重要であると考える。

　いろいろと実習施設と実習生との関係について考えてきたが、実習生の立場から考えると、これらの保育実習という経験は、学生自身の自分磨きの機会であるということができる。具体的に考えてみると、将来の児童福祉施設の職員を目指すという側面から、ひいては、実習生としての個々の価値観や感性等を、“自らを見つめ直す”機会となり、児童福祉に相応しい価値観に立脚した態度、姿勢等を涵養することになる。10 日間、入所児童と生活をともにするという体験を通して、実習は、子どもたち自身とふれあい、親しみを覚えるというレベルから「子どもの最善の利益の尊重」についての理解を深めるといった様々なレベルまで、今後の保育現場での保育に向かう価値観を涵養する学びの場であるといえる。

# 12 地域に理解者を増やす

　社会的養護は、「子どもの最善の利益のために」と「社会全体で子どもを育む」を理念として行われる。車の両輪と一緒で、どちらが欠けてもうまくいかない。とくに、社会全体で子どもを育むということには、社会全体の人々の理解や行動がともなってこそ実践できる。

　しかし、これまでの社会的養護を振り返ると、児童養護施設などの施設養護が大半を占め、家庭的養護つまり里親制度は十分に機能していない状況であった。社会全体で育むことを理想としながらも、保育を学ぶ学生や児童福祉施設で働く職員や一部の関係者だけが奮闘し、子どものこと、施設のこと、職員のこと、制度のことなどは施設の外側へは届いてなかったのではないか。

　地域に理解者を増やしていく。これは実はそう簡単なことではない。自然発生的に広がればありがたいが、そうはいかないのが現実だ。そんなとき、第三者的な立場でその役割を担っている団体「社会福祉協議会」が各地域にある。略して"社協"と呼ばれるこの団体は、子どもと市民をつないでいくための鍵となる存在の1つなのだ。

　社会福祉協議会は、地域福祉を推進する団体として社会福祉法に位置づけられている。子どものほかにも、高齢者、障害者など何らかの支援が必要な人たちの生活の"困り"を受けとめ、そのことを市民に広く知ってもらい、市民のボランティア参加を進めたり、必要なサービスを紹介したり、そのサービスがなければ生み出していくような業務も行っている。

　1つ例を紹介しよう。大阪府の東部に位置する東大阪市社会福祉協議会では、2013年11月〜12月にかけて、「福祉チャレンジセミナー」という市民向けの講座を実施した。目的は、「昨今、生活困窮者への自立支援が求められている中、市内においても被虐待児の生活保護率が4割を超える等、生活困窮者への福祉的な支援が課題となっている。このような状況を若い世代に知ってもらい、人と人とのつながりや支え合う心、課題解決のために何が出来るのか考える力を養うことを目的に、標記セミナーを開催する」となっている。具体的には、高校生、大学生を対象とした計3回の連続もので、第1回目は、講義「私たちに出来ることって？〜ボランティア活動入門〜」「児童虐待とは」を、大学教員や乳児院の職員が講師となって学ぶ内容。第2回目は実際に乳児院へ行き「施設見学・ボランティア体験」、第3回目は乳児院での「ボランティア活動開始、定例会の開催」という内容である。

　このテーマに関心を持ち参加してくれたのは地元の大学生、高校生たち18名。"ボランティア"という言葉は知っていたり、別の領域のボランティア活動なら経験がある参加者もいた。しかし、乳児院やそこで暮らす子どもたちのことを学ぶのははじめてだった。計3回の活動終了後には、以下のような感想を寄せてくれている。講師の話や体験から多くを感じとり、これまで想像ができなかった施設のこと、子どもたちのことを真摯に受けとめ、意識を変化させている様子がわ

かる。

[第1回目を終えて]
・今まで漠然としか持っていなかった乳児院や児童養護施設に対するイメージが、今回の講義のおかげで具体的なものになったと思います。その施設で生活をすることになった子どもたちの現状や、その施設での生活の様子…はじめて知ることばかりでした。今の自分の状況が非常にありがたいものだとも感じています。
・虐待は年々増え続けているとお聞きしますが、どこまで増え続けるのかと思うと、とても恐ろしいと思いました。
・このような話を聞くのははじめてだったので、とてもためになりました。自分は本当に幸せに育ってきたんだなと感じました。
[第2回目を終えて]
・施設は家のようでした。それを想像していなかったので、びっくりしました。1歳までの子どもと遊んだりして、とても楽しかったです。
・施設見学や実際に体験してみて、子どもたちがどういった場所で生活しているのかがわかりました。
・乳児院や児童養護施設を実際に見るのははじめてでしたが、"お家"のようだと感じました。建物の様子も職員さんも「あったかい」と感じました。

　これまで、社会的養護の世界のことはまるで知らなかった若者たちが、この講座によってつながりができて、これまで別世界のように感じていたものを、ぐっと身近なものとして捉えることができる。そして、子どもたちの理解者としてボランティアに踏み出すことも後押ししている。これから里親を増やしていこうという流れがあるが、こうした関心を持ってくれた若者たちがその担い手になってくれる可能性も出てくるかもしれない。社会福祉協議会は、社会問題を市民に知ってもらい、社会全体で支え合うための担い手づくりに取り組んでいるのである。
　これは乳児院の連携事業であり、社会的養護に係る各施設とのネットワークがあってできたことである。1つの領域だけでできないことを、地域福祉推進のエキスパート、社会福祉協議会と協働することで展開が広がっていく。これからは里親制度の拡充も大きな課題であり、そのためにも、理解者の裾野も広げていく必要がある。そのときには、是非一度、自分の地域にある社会福祉協議会を訪ねてみてもらいたい。

# 13 ボランティアの力が子どもの進学を支援する

　大阪府の南部に位置する柏原市に、1926年（大正15年）に開設された児童養護施設がある。名前は「武田塾」。ここでは、もう18年も前から学生ボランティアが「学習スタッフ」として活躍している。立場はボランティアながら、職員と同じ「スタッフ」として施設の中で学習支援の役割を負う。彼らは、武田塾の子どもたちの高校進学率ほぼ100％を支える、なくてはならないキーパーソンなのだ。

　そんな活動が武田塾で始まったのは1996年3月のことだ。家庭環境に恵まれず、虐待など様々な理由から精神的にも身体的にも不安定な状態で入所する子どもたち。さらに学習習慣が身についておらず、低学力な子どもも多かった。学校との連絡調整や中学3年生への受験勉強、高校進学に向けての支援は職員だけでは困難な実情があった。

　困難であっても、武田塾には「何としてでも子どもたちを高校に進学させたい」という職員の思いがあった。高校進学後の進路を考えれば、大学進学の道や、高校からの就職斡旋、また高校生活中に習得した資格も含め、社会を生き抜くための糧につながる。

　施設は当初、市内の学習塾を20数か所回り、協力を依頼した。しかし、金銭面において調整がつかず、その中で1か所だけが授業料免除の枠を設けてくれた。しかし、いざ導入しても、学習習慣が身についていない子どもたちは馴染めず、集中力が続かず、うまくいかなかった。

　その後、幸いなことに、市内に大阪教育大学が移転してきた。これを好機と捉え、大学にボランティア募集のPRを開始した。だがはじめのうちは反応もなく、一向に進展しなかった。しかし、どうしてもあきらめきれない職員の思いで、人とのつながりで探していくうちに、ようやく第1期を担ってくれる8名の学生が手を挙げてくれたのである。

　こうして、学生が来てくれたのが始まりだ。学生たちは、施設のこと、子どもたちのことは何も知らない。職員は根気よく学生に伝え、指導方法などは学生の主体性を尊重して取り組んでもらえるようにお願いした。その後も、実際のところは順調ではなかった。学習にあきらめを抱いている子どもたちは、学習スタッフに近寄ってはくるが学習へはつながらなかった。双方の関係も深まらず3か月が過ぎた。

　しかし、それでも職員そして学習スタッフはあきらめず、当時の15名の中高生に、どのような学習ならしてみたいか？　を尋ねるアンケートを実施したのだ。このときの結果は「マンツーマンで男女別、要するに家庭教師みたいに、兄姉役で勉強を見てほしい」との希望が多いことがわかった。いわば「大人（上から）目線から、当事者（子どもたち）目線へ」の転換だ。そこで、1997年よりこの形式の学習支援を続け、現在に至っている。

　担当制にしてからも、いろいろな問題はある。たとえば「試し行動」には学習スタッフも職員も、いまも頭を悩ませている。だが学生たちが関わってくれるよ

うになってからは、中途退学者が出る場合を除き、高校への進学率はほぼ100％近くになり、大学進学を希望する子どもたちもあらわれるなど、大きな効果を生んでいる。また、年齢が近く、職員と異なる立場の若者の存在は、生きていくうえでもっとも大事な人への「信頼」を育む貴重な場ともなっている。

　現在では約10名のスタッフで構成され、卒論や就職活動のある4回生はアドバイザーを担い、実質的には3回生がリーダー、サブリーダー、会計の3役を担い、ボランティアグループとして自主的な運営を続けている。これら3役は毎年11月～12月に選出され、約3か月間の引き継ぎ期間を終え次年度のとりまとめ役となる。そしてこの間に「学習スタッフ活動マニュアル」の見直しも行われ、改訂を重ねてきた。いまでは、月曜日～金曜日まで平均1日5名体制でマンツーマンでの学習支援が確立している。

　また学習スタッフの存在は、学習支援以外にも子どもたちとの縁を深めている。施設を退所した子どもたちが学習スタッフのOB、OGとともに食事や外出もし、成人式にも一緒に参列したり、スタッフ、子どもたちが結婚した後も家族ぐるみでつきあう例も見られている。

　施設養護の在り方の変容にしたがって、武田塾でも、大舎制の施設に加え地域小規模児童養護施設が2か所開設された。そこで、試行的に小規模施設へ学習スタッフを導入し、月に1回の職員と学習スタッフのミーティングを行った。そこでは、職員・学習スタッフが情報を共有・確認でき、学習スタッフには助言を受ける場ともなっている。お互いが両輪となって子どもたちを支援する仕組みがあることで、両者が深い絆で進めることを可能にしている。

　武田塾の実践例は、職員とともに学習スタッフの"あきらめない"気持ちがこの成果を生み出したこと、そして職員だけでなく、社会の誰かと協働することで、社会的養護はより手厚いものとなることを物語っている。この活動には、子どもたちを支援してくれるボランティアを探し、何も知らなかった彼らに根気よく伝え、そのボランティアと協働しながら学習支援の在り方を試行錯誤して得たノウハウが詰まっている。やがて社会的養護に携わる学生のみなさんにも是非記憶に留めてほしい実践例である。

### 〈引用・参考文献〉
細見久視（2013）「児童福祉施設における"なぎさ"の展開」岡本榮一監修『なぎさの福祉コミュニティを拓く―福祉施設の新たな挑戦―』大学教育出版

# 14 児童の権利に関する条約とコルチャック

　子どもの基本的人権の保障を具現化した「児童の権利に関する条約」が成立するまでの道程は、苦難の連続であった。

　1918年に第1次世界大戦が終結し、戦争の惨禍が子どもの生存を奪ったという反省に立ち、「児童の権利に関するジュネーブ宣言」が1924年に国際連盟において採択される。当時国連事務局次長を務めていた新渡戸稲造はこの制定に尽力したが、日本政府はまったく関心を払わなかった。その原因は軍部にあるとし、新渡戸は厳しく自国を批判する。「理非曲直の標準は一国に止まるものでなく、人類一般に共通するものである以上、寧ろ是は是、非は非と明らかに判断し、国が南であれ北であれ、はたまた東であれ西であれ、正義人道に適うことを重んずるのが愛国心」（鈴木 2007）と考えていた新渡戸にとって、当然の行為であった。やがて、日本は中国における満州国建設の正当性を主張し、国際連盟を脱退する。

　1939年、ドイツのポーランド侵攻を契機に始まった第2次世界大戦は1945年まで続き、結果としてジュネーブ宣言は反故にされ、多くの子どもがその犠牲となった。戦後の新しい国際社会の枠組みとして誕生した国際連合は、1948年に「世界人権宣言」を発布し、自由・正義・平和が世界の普遍的価値であることを高らかに宣言する。そのもとで、1959年には「児童の権利に関する宣言」が出され、身体的・精神的に未熟な子どもの保護と世界人権宣言が掲げる権利を子どもに保障する責務を各国政府に課した。

　ジュネーブ宣言が戦争によって踏みにじられたように、宣言はあくまでも努力目標に過ぎない。「児童の権利に関する宣言」も同じ性格を持っていたことから、それを法的拘束力のある条約に格上げする動きがやがて起こる。世論喚起のため、1979年に国際児童年が設けられ、10年後に条約を採択するというスケジュールが用意された。ちなみに、国際児童年の協賛歌となっていたのは、日本のロックバンド・ゴダイゴが歌った「ビューティフル・ネーム」（作詞：奈良橋陽子・伊藤アキラ／作曲：タケカワユキヒデ、日本コロムビアレコード、1979年）だ。その歌詞は子どもの姓名の権利を意識した内容であった。

　このような歴史的経緯の中で、「児童の権利に関する条約」が、1989年に開かれた国連第44期総会において全会一致で採択される。条約は54条から成り、国際連合憲章を理念として、子どもの最善の利益を考慮するとともに、意見表明権や思想・良心・宗教の自由など子どもの市民的権利を明確に規定している。

　ところで、宣言の条約化に向けて積極的行動を起こしたのはポーランドであった。その動機には、自国が生んだ教育者コルチャック（J. Korczak〔1878～1942年〕）の遺志があったという。

　コルチャックは、1878年に当時ロシア領だったポーランドに生まれたユダヤ人である。父親を自殺によって失い、ワルシャワ大学の医学部生だった彼が一家を支えていた。1904年には日露戦争にロシア軍医として招集され、戦争の被害を目の当たりにする。やがて戦地から帰還したコルチャックは、戦争孤児となっ

たユダヤ人のための孤児院を設立し、そこで子どもの人権を尊重した児童養護実践を行う。「大人は子どもに過重な義務を課しています。いま、この時に、生きる人間としての様々な権利を子どもに保障せぬままに」（コルチャック　2001）という考え方が、孤児院運営の基本にあった。孤児院では、子どもたちの自治が中心に据えられ、子ども裁判所がつくられるなど、民主主義を理念とする取り組みが展開されている。コルチャックが、「私たちは子供をこねくり回したり、つくり直したりはしない。信頼のもと、互いの気持ちを尊重し理解することが大切だと思っている」（近藤　1990）と指摘するように、彼は子どもを人間の完成形と考えていた。

　コルチャックは、孤児院での実践をもとに、『子どもの権利の尊重』を 1929 年に著す。同年には、世界恐慌が起こり、第 1 次世界大戦後の国際平和協調路線が崩れていくことになる。そんな中、ドイツではナチスが政権につき、ユダヤ人を政治的に利用し、世情の不安定からくる国民の不満をユダヤ人に向ける政策がとられた。ナチスは、第 2 次世界大戦下において、ユダヤ人を強制労働収容所（ゲットー）に収容し、その揚げ句にはガス室で殺害する。ユダヤ人であったコルチャックと孤児院の子どもたちも同じ運命をたどり、1942 年にコルチャックは子どもたちとともにガス室で最期を遂げた。

　当時コルチャックは、孤児援助家として世界的に著名であったため、国際世論の反発を恐れ、ナチスはコルチャックに限ってガス室送りを免除する決定を行う。しかし、コルチャックはそれをきっぱりと断り、ナチスの蛮行を痛烈に批判した。コルチャックのこのような行いは、一見すると子どもたちに対する自己犠牲に映る。しかし、彼は「誰かのために自分を捧げるなどということは嘘です。私は子どもを愛する。私は身を捧げるようなことはしていない。私は子どもたちのためにではなく、私自身のためにやっている」（アンジェイ・ワイダ監督「コルチャック先生」日本ヘラルド映画配給、1990 年）と明言する。つまり、コルチャックにとってユダヤ人孤児は家族同然であり、家族を見捨てられるはずがない。「子どもは私たち大人にとって常に変ることのない同伴者です。子どもは、いま現在、ここに、大人と同じ時間・空間に生きる存在です」（コルチャック　2001）というコルチャックの発言がそれを物語っている。同時に、コルチャックは、第 1 次世界大戦以降のいくさの時代を、子どもという「同伴者」を得て、乗りこえてきたのではないか。もしも、彼らがいなければ、コルチャックは正常な精神を保つことができなかっただろう。暗雲ただよう社会状況から、彼を救出してくれたのは子どもにほかならなかった。そのような意味で、コルチャックにとって子どもは人格の一部だったのだ。コルチャックの高邁な精神は、条約の理念にいまも宿っている。

〈引用・参考文献〉

近藤二郎（1990）『コルチャック先生』朝日新聞社

コルチャック，J. 著、ジョウゼフ，S. 編、津崎哲雄訳（2001）『コルチャック先生のいのちの言葉』明石書店

鈴木範久編（2007）『新渡戸稲造論集』岩波書店

# 索　引

## 編著者略歴

**吉田　明弘**（よしだ・あきひろ）
　大阪府立大学大学院社会福祉学研究科（博士後期課程）退学
　現在、皇學館大学教育学部教育学科准教授
**主な著書**
『社会福祉の理論（改訂版）』（共著、八千代出版、2001 年）
『保育所実習』（共著、北大路書房、2004 年）
『保育を学ぶ人のために』（共著、世界思想社、2006 年）
『児童福祉論─児童の平和的生存権を起点として─（第 3 版）』（編著、
八千代出版、2016 年）

### 保育士のための社会的養護（第 2 版）

2015 年 6 月 12 日　第 1 版 1 刷発行
2018 年 3 月 12 日　第 2 版 1 刷発行

編著者─吉　田　明　弘
発行者─森　口　恵美子
印刷所─シナノ印刷㈱
製本所─グ　リ　ー　ン　㈱
発行所─八千代出版株式会社
　　　　東京都千代田区神田三崎町 2−2−13
　　　　TEL　03-3262-0420
　　　　FAX　03-3237-0723
　　　　振替　00190-4-168060

＊定価はカバーに表示してあります。
＊落丁・乱丁本はお取り替えいたします。

ISBN 978-4-8429-1716-0　© Akihiro Yoshida et al., 2018